Lena Greiner, Jg. 1981, studierte Politikwissenschaft in Hamburg und machte ihren Master im Studienfach Internationale Beziehungen in Berlin und Washington, D.C. Davor hospitierte sie im Auswärtigen Amt und beim SPIEGEL. Längere Auslandsaufenthalte in Italien, Asien und den USA. Ab 2010 arbeitete sie als freie Journalistin und schrieb vor allem über Bildungspolitik. Seit Juni 2013 ist Lena Greiner Redakteurin bei SPIEGEL ONLINE.

Friederike Ott, Jg. 1977, studierte Internationales Management in Hamburg. Nach dem Besuch der Axel-Springer-Akademie arbeitete sie als Berlin-Korrespondentin für die damalige Axel Springer Financial Media GmbH. Anschließend Wirtschaftsredakteurin bei SPIEGEL ONLINE, seit 2010 freie Journalistin u.a. für ARD-aktuell, die SPIEGEL-Gruppe und den Stern. 2012 war sie für den Deutschen Reporterpreis und den Ernst-Schneider-Preis nominiert. Mehr zur Autorin unter www.friederike-ott.com.

Lena Greiner, Friederike Ott

Simulieren geht über Studieren

Akademisch für Anfänger

Rowohlt Taschenbuch Verlag

Originalausgabe
Veröffentlicht im Rowohlt Taschenbuch Verlag,
Reinbek bei Hamburg, März 2014
Copyright © 2014 by Rowohlt Verlag GmbH,
Reinbek bei Hamburg
Copyright © 2014 by SPIEGEL ONLINE GmbH, Hamburg
Illustrationen im Innenteil Dorthe Landschulz
Umschlaggestaltung ZERO Werbeagentur, München
(Illustration: CSA Images/Color Printstock Collection/Getty Images)
Satz Minion PostScript, InDesign,
bei Pinkuin Satz und Datentechnik, Berlin
Druck und Bindung Druckerei C. H. Beck, Nördlingen
Printed in Germany
ISBN 978 3 499 62280 9

Inhalt

Einleitung

«Eine Katastrophe», «törichter Satz», «Scheiße». Worte wie diese schrieb der Journalist Wolf Schneider groß und in Rot an den Rand, wenn er Artikel seiner Schüler kritisierte. Es sind Worte, die auch Studenten manchmal denken, wenn sie in den Bibliotheken deutscher Universitäten sitzen und sich durch trostlose Wortwüsten kämpfen. Meist jedoch denken sie etwas anderes, nämlich, dass die Katastrophe nicht in den Büchern, sondern in ihrem eigenen Kopf stattfindet. Dass sie nichts verstehen, weil sie zu blöd sind. Dabei haben sie gerade noch Abitur gefeiert und waren davon überzeugt, einigermaßen intelligent zu sein. Doch dann, im Vorlesungssaal, im Seminarraum, zu Hause über den Büchern oder, noch schlimmer, im Büro des Professors verstehen sie plötzlich nur noch die Hälfte – wenn überhaupt. Und sie fragen sich: «Wird sich das jemals ändern?», «Habe ich das falsche Fach gewählt?», «Bin ich doch nicht so schlau?» Antwort eins: ja, mit viel Mühe. Antwort zwei: vermutlich nicht. Antwort drei: nein, nein, keine Sorge. Deutsche Wissenschaftssprache ist wie eine Fremdsprache, die man erlernen kann.

Aber muss die akademische Sprache so kompliziert sein? Und wenn nicht: Warum müssen sich Studenten an der Universität so quälen? In diesem Buch geben wir Antworten auf diese Fragen und zeigen: Es geht auch anders. Anhand von Beispielen entlarven wir die Fächer, in denen Wissenschaftssprache die heftigsten Kapriolen schlägt. Die Auszüge haben wir Experten aus unterschiedlichen Fachgebieten vorgelegt und sie um eine Übersetzung der Satzungetüme gebeten, um den tatsächlichen Inhalt zu enttarnen, die Ehrfurcht zu nehmen, zum Lachen anzuregen: Die Humor- und Wissenschaftsexperten Eckart von Hirschhausen und Vince Ebert haben die Passagen mit viel Witz kommentiert. Die Hobbykabarettistin und Anthropologin Inge Schröder hat mal ernsthaft, mal mit einem Augenzwinkern übersetzt. Und die Journalisten Markus Reiter und Armin Himmelrath zeigen, wie man die überdrehtesten Sätze verständlich formulieren könnte – wenn man es denn wollte. Tatsächlich enthielten manche Formulierungen so gut wie keine Aussage. Man hätte sie ersatzlos streichen können.

Auch Journalistenschreck Wolf Schneider übersetzte für dieses Buch, scharf, knallhart und witzig wie gewohnt (s. Seite 37) – doch nach einer Passage wollte er nicht mehr. «Noch mehr Zuwendung zu investieren halte ich für verfehlt bei einem Sprachprodukt, das offensichtlich nicht dem Verstandenwerdenwollen dienen soll, sondern dem Prunken mit der eigenen Sprachakrobatik», schrieb er als Begründung. Wie soll es also erst den Studenten gehen, wenn schon der Sprachpapst keine Lust mehr auf solche Sätze hat?

Apropos: Wie halten die Studenten es eigentlich selbst mit dem Formulieren, wenn der erste Sprachschock verflogen ist? Dass die akademische Sprache nicht spurlos an ihnen vorbeigeht, hatten wir erwartet, schließlich haben auch wir einst Hausarbeiten verfasst. Das Ausmaß war dennoch überraschend. Ob in Referaten oder in Doktorarbeiten: Viele Nachwuchsakademiker begeben sich auf sprachlich gewagte Höhenflüge – sei es, um damit Unwissen zu kaschieren oder um die Erwartungen der Professoren zu erfüllen, wie eine Kunststudentin, die ein Referat über einen Film halten musste, den sie nicht verstanden hatte. Deshalb reihte sie einfach im Wechsel Fremdwörter an Fachbegriffe – und bekam dafür die höchste Punktzahl.

Wie aber machen das Menschen, die andere mit Sprache überzeugen müssen, Politiker zum Beispiel? Sind auch sie an der Uni dem Intellektualitätsdruck erlegen? Wir haben es überprüft und ihre Doktorarbeiten untersucht, unter anderem die von Kanzlerin Angela Merkel, CSU-Politiker Edmund Stoiber und Grünen-Politiker Anton Hofreiter. Am sprachlich wildesten hat es wohl der emeritierte Papst Benedikt XVI. getrieben. Nach der Lektüre jedenfalls war Inge Schröder, Geschäftsführerin des Wissenschaftszentrums in Kiel und Hobbykabarettistin, fassungslos: «Bei den Ergüssen frage ich mich überrascht, welches Kraut dieser Mann um Himmels Wissen geraucht hat» (s. Seite 73).

Gerade Absolventen von Sozial- und Geisteswissenschaften wollen später gern mit Texten arbeiten, sie wünschen sich Jobs in Verlagen, Agenturen oder Marketingabteilungen. Doch die Fachliteratur bereitet die insgesamt 2,5 Millionen Studenten an deutschen Hochschulen sprachlich wenig auf das Berufsleben vor. Das lassen zumindest die Anschreiben vermuten, mit denen sich einige Akademiker auf Jobs bewerben und aus denen wir zitieren (s. Seite 138). Ein Jurist schrieb allen Ernstes in einem Bewerbungsanschreiben: «Insbesondere die Möglichkeit der weiteren Spezialisierung bei bestehender Vielgestaltigkeit der von Ihnen angebotenen Stelle reizt mich.» Heieiei.

Dieses Buch soll zeigen: Sprache muss nicht kompliziert sein, um komplexe Dinge zu erklären. Sie *sollte* sogar möglichst einfach sein. Und einschüchtern lassen sollte man sich von ihr schon gar nicht.

Doch solange an den Unis noch keine sprachliche Revolution stattgefunden hat, hilft nur: cool bleiben, die Arbeit pimpen (s. Seite 151) und Kurt Tucholsky im Hinterkopf behalten: «Verwickelte Dinge kann man nicht simpel ausdrücken; aber man kann sie einfach ausdrücken. Dazu muss man sie freilich zu Ende gedacht haben.»

Die Hochschulstapler –
Professoren und Doktoren

Eine Tagung über Geschlechterforschung irgendwo in Deutschland. Eine junge Wissenschaftlerin hält einen Vortrag über ihr aktuelles Forschungsprojekt. Es geht um die Frage, ob das Geschlecht angeboren oder sozial bestimmt ist. Die Forscherin hat untersucht, wie unterschiedlich Jungen und Mädchen Naturwissenschaften erlernen, und beschreibt ihre Ergebnisse klar und gut verständlich. Das ist ungewöhnlich für Geschlechterforschungstagungen, schließlich fallen dort eher Begriffe wie «Differenzkategorie», «Intersektionalität» oder «paternalistische Mission».

Alles, was die junge Wissenschaftlerin sagt, ist richtig. Trotzdem gibt es schon während des Vortrags Zwischenrufe aus dem Publikum. Es fällt den Zuhörern unangenehm auf, dass die Frau die schlichten Begriffe «Junge» und «Mädchen» verwendet. Astrid Kaiser, Professorin für Erziehungswissenschaften an der Universität Oldenburg, hat diese Szene beobachtet. «Die Wissenschaftlerin kam rüber wie aus einer fremden Welt», erinnert sich Kaiser.

Willkommen in der Studienphrase

Das Ereignis liegt inzwischen einige Jahre zurück. Doch Kaiser hat die junge Frau, die Forscherin werden wollte, nie wieder im wissenschaftlichen Umfeld gesehen. «Sie war blamiert und ausgegrenzt. Sie hätte wohl besser Sätze sagen sollen wie: ‹Die Genderverhältnisse sind unter gegenwärtig patriarchal bestimmten gesellschaftlichen Verhältnissen überformt.›»

Das Beispiel der jungen Forscherin zeigt: Die Wissenschaftssprache an deutschen Hochschulen dient nicht nur der reinen

Wissensvermittlung. Sie hat nicht immer das Ziel, komplexe Theorien oder Forschungserkenntnisse verständlich darzustellen. Nein, die Art und Weise, wie gesprochen und geschrieben wird, hat häufig noch einen anderen Zweck: Sie soll von anderen abgrenzen, die Zugehörigkeit zu einem exklusiven Kreis beweisen. Je kleiner dieser Kreis, also je weniger Menschen in die Sprache eingeweiht sind, umso einzigartiger und besonderer kann sich der Auserkorene fühlen.

Herrje, bin ich gebildet und wortgewandt, lautet die Botschaft. Ich kenne mich so gut aus wie kaum jemand sonst. Schaut alle her – nein, schaut alle auf! Denn mir kann keiner etwas vormachen, versucht es also gar nicht erst, und stellt bloß keine Fragen. Ihr würdet euch damit nur lächerlich machen.

Wer neu an die Uni kommt, kann sich zunächst überhaupt nicht vorstellen, dass Sprache einem so unwissenschaftlichen Zweck dienen könnte. Es erscheint geradezu absurd, denn an der Uni geht es doch in erster Linie darum, Neues zu erfahren und zu lernen. Warum sollten einem dabei die Wissenschaftler und Dozenten das Leben unnötig schwer machen?

Deshalb hinterfragen Erstsemester das, was ihnen geboten wird, anfangs nicht. Sie durchschauen den Mechanismus der Abgrenzung durch Sprache nicht. Für sie ist an der Uni sowieso alles neu: jede Bezeichnung, ob Mensa oder Audimax, die Prüfungsordnungen oder wie eine Hausarbeit geschrieben werden soll. Nichts ist so wie in der Schule oder im Berufsleben. Das ist aufregend, aber auch einschüchternd. Und wer sich noch nicht auskennt, versucht erst einmal, seinen Platz im großen Campusgefüge zu finden – bloß nicht negativ auffallen. Wer traut sich da schon, die unnötig komplizierte Sprache der scheinbar allwissenden Professoren anzuprangern? Kaum einer.

Los geht es meist schon bei den Texten, die Studenten für die Seminare lesen müssen. Viele denken, sie wären die Einzigen im Kurs, die nichts verstehen. Sie mustern die anderen, die jedoch so tun, als sei der Stoff Standardwissen an deutschen Grundschulen. Erst nach und nach, wenn sich Kommilitonen anfreunden, fangen sie an, sich gegenseitig zu beichten, dass sie in Wirklichkeit überhaupt nichts verstanden haben. Und je mehr Zeit sie in der Bibliothek verbringen und andere Studenten beobachten, sehen und hören sie, dass sie mit ihrer unergründlichen Müdigkeit nicht allein sind: An jeder Ecke im Lesesaal schlafen junge, fitte Leute über ihren Büchern ein – ohne dass sie vorher die ganze Nacht durchgefeiert hätten. Andere klatschen sich auf der Toilette kaltes Wasser ins Gesicht oder schmeißen Koffeintabletten ein.

Wen wundern diese Beobachtungen, wenn Texte so anfangen wie dieser Aufsatz über Lebensstilforschung, der 2011 in der Zeitschrift für Soziologie und Sozialpsychologie erschienen ist? «Zunächst werden auf Grundlage der bereichsspezifischen Theorie und mit bereits in anderen Kontexten geprüften oder mit neu entwickelten Instrumenten die entscheidenden Orientierungen erhoben und mit Hilfe von Faktorenanalysen auf zentrale, voneinander unabhängige Variablen reduziert […].»

Halt, nicht abdriften! Ist ja schon vorbei.

Überforderung beim Lesen solcher Sätze ist nicht neu: An die «bisher nie gekannte, lähmende Müdigkeit», die ihn überfiel, wenn er an der Uni Texte lesen musste, erinnert sich auch Wolf Wagner, der vor einem halben Jahrhundert studiert hat. «Wenn ich eine Hausarbeit oder ein Referat zu verfassen hatte, trockneten mir die Gedanken ein», berichtet der heutige Professor für Sozialwissenschaften in seinem immer wieder neu aufgelegten Bestseller «Uni-Angst und Uni-Bluff» über seine Studienzeit in den 1960er Jahren. Manchmal habe er sogar den Straßenfeger, den er durch das Bibliotheksfenster sah, um seine klar definierte und überschaubare Tätigkeit beneidet. Auch heute empfinden viele ähnlich.

Was ist da los? Warum wird bei vielen Studenten Motivation zu Frust, sobald sie sich mit dem Stoff beschäftigen, über den sie doch eigentlich so viel wissen wollen? Auch wir haben uns im Studium immer wieder vorgenommen: Diese Woche lesen wir alle Texte, von Anfang bis Ende. Ganz bestimmt. Unbekannte Begriffe schlagen wir nach, die wichtigen Stellen streichen wir mit einem bunten Marker an. Die Zeit dafür war da. Doch dann klebten wir erneut an langen, komplizierten Sätzen fest, vergaßen darüber das bereits Gelesene und kamen nicht weiter im Text. Kaffeetrinken wurde in diesen Fällen zur einzigen Alternative.

Viele Studenten fangen in solchen Situationen an, daran zu zweifeln, ob sie das richtige Fach gewählt haben. Und jeder Fünfte lässt das Studium auch tatsächlich sausen, zeigt eine Studie des Hochschul-Informations-Systems (HIS). Weit mehr als die Hälfte der Studienabbrecher nannten Leistungsprobleme, mangelnde Studienmotivation, die Studienbedingungen oder Prüfungsversagen als Gründe. Dabei hatten sie einst ein so großes Interesse an dem Fach, dass sie ihm ihr Berufsleben widmen wollten.

Klar, jede Disziplin hat ihre eigene Sprache, deren Begriffe, Ausdrucksweisen und Abkürzungen sich Studenten aneignen müssen. Mediziner sprechen von Varizen, wenn jemand Krampfadern hat. Journalisten sagen Zeile, wenn sie die Überschrift eines Textes meinen. Juristen reden von Prokura, wenn es um eine Vollmacht geht. Das ist nicht verwerflich, solange Fachleute unter sich sind. Häufig macht Fachsprache die Kommunikation sogar präziser und effizienter. Mit Blenden hat das gar nichts zu tun. Doch wenn ein Autor Inhalte unnötigerweise unverständlich ausdrückt, steckt häufig ein unlauteres Motiv dahinter: Er will angeben, mit hochtrabenden Begriffen Kompetenz vorgaukeln, bluffen eben.

Die meisten Studenten denken, es läge an ihrer mangelnden Intelligenz, wenn sie komplizierte Texte nicht begreifen. Kein Wunder, herrscht hierzulande schließlich die Ansicht: Versteht der Leser einen Text nicht, ist der Leser dumm. Das kratzt am Selbstbewusstsein.

Wer hingegen von Deutschland aus zum Studieren in die USA geht, erlebt das Gegenteil. Dort gilt: Versteht der Leser den Text nicht, ist der Autor dumm. Wissenschaftliche Aufsätze lesen sich dort häufig so leicht wie ein Zeitungsartikel. Die Sätze sind kürzer und im Aktiv formuliert. Angelsächsische Korrekturprogramme auf dem Computer zeigen sogar an, wenn in Sätzen zu viele Passivkonstruktionen vorkommen. Selbst aus der Ich-Perspektive zu schreiben – in Deutschland ein Tabu – ist üblich. Dort heißt es dann zum Beispiel: «In this publication I will show …» oder «I have done research about …». Das schafft Nähe zu dem Autor, er wird sichtbarer.

Angelsächsische Wissenschaftsbücher sind, im Gegensatz zu den meisten deutschen, mitunter auch unterhaltsam. Autoren ziehen persönliche Erlebnisse und Beispiele heran, um komplexe Themen zu veranschaulichen. So werden die Werke von Wirtschaftsnobelpreisträger Paul Krugman im Internet sogar als Urlaubslektüre empfohlen, und die Bücher von Richard Sennett, einem der bekanntesten Soziologen, sind Bestseller in Buchhandlungen.

Wie unterschiedlich die deutsche und englische Wissenschaftssprache sind, zeigt die folgende Anekdote: Ein Student aus Deutschland verbringt einige Zeit am renommierten Massachusetts Institute of Technology (MIT) in den USA. In einer Studienarbeit schreibt er sinngemäß auf Englisch: «Es kann zur Detonation des Siedebehälters kommen.» Der Professor fragt: «Warum schreiben Sie nicht, der Kessel kann platzen? Alles andere ist Angeberei.» Der Student ändert den Satz und bekommt eine Eins. Zurück in Deutschland, reicht er die Arbeit zur Anerkennung ein. Er bekommt eine Eins minus. Der Professor in Deutschland begründet die Verschlechterung damit, dass die Arbeit stellenweise unwissenschaftlich formuliert gewesen sei. Er hätte zum Beispiel schreiben sollen: «Es kann zu einer Detonation des Siedebehälters kommen.» – «Das bedeutet doch dasselbe», antwortet der Student. «Ja», sagt der Professor. «Aber es ist wissenschaftlicher ausgedrückt.»

Natürlich gibt es auch in Deutschland Texte, die einen Aha-Effekt auslösen, Seminare, die Spaß machen, Bibliothekstage, die wie im Flug vergehen. Vielen Forschern in Deutschland geht es aber genau darum nicht. Sie wollen ihre Fachtexte nicht anschaulich gestalten. Sie glauben stattdessen, sie müssten sich besonders kompliziert ausdrücken, um in den führenden Fachjournalen veröffentlichen zu können. Sie fürchten, sonst nicht als kompetente Wissenschaftler wahrgenommen zu werden.

«Grauenhaft», findet Ulrich Schmitz, Linguistik-Professor an der Universität Duisburg-Essen, solche Texte. Er nennt sie «intellektualistisch». Der sprachliche Aufwand sei dabei höher als der gedankliche, damit der Verfasser sich als Mitglied seiner intellektuellen Kaste ausweisen könne. Vor allem an zwei Merkmalen würde man aufgeblasene Wissenschaftssprache erkennen:

1. Es werden viele Wörter verwendet, die im Alltag selten oder gar nicht vorkommen – obwohl der Gedanke mit geläufigeren Worten genauso treffend oder sogar besser ausgedrückt werden könnte.

2. Sätze werden derart lang und verschachtelt konstruiert, dass der Leser mehr Mühe zur Analyse des Satzes als zum Verständnis der Inhalte aufwenden muss.

Auch wir stellten fest: Häufig geht es in wissenschaftlichen Texten weder um Spezialwissen noch um hochkomplexe Zusammenhänge. Oft sind die Erkenntnisse im Grunde sehr banal, nur merkt es der Leser vor lauter sprachlicher Extravaganz und Wortlametta nicht. Wir stießen bei den Recherchen für dieses Buch häufig auf Sätze, die hochkompetent klangen, bei näherer Betrachtung aber erschreckend inhaltsleer waren.

Warum Wissenschaftler ihre Sprache aufblähen

Warum liefern sich Professoren und Dozenten einen derartigen Unverständlichkeitswettbewerb? Wie konnten sich die angelsächsische und die deutsche Wissenschaftssprache so unterschiedlich entwickeln? Zum einen liegt es daran, dass die deutsche Sprachstruktur fast schon zur Verkomplizierung einlädt. So gibt es unzählige Möglichkeiten, lange Komposita zu bilden, das sind diese Bandwurmwörter, für die wir im Ausland so berühmt sind: Donaudampfschifffahrtsgesellschaft zum Beispiel oder Fußbodenschleifmaschinenverleih. Im Englischen sind solche Wortungetüme gar nicht möglich. Auch umständlich erweiterte Adjektivattribute («der von seiner Frau verlassene Mann» oder «der von Hegel im 19. Jahrhundert geprägte Begriff») sind in der englischen Sprache unüblich.

Ein weiterer Grund: Die Lehre spielt an angelsächsischen Hochschulen eine größere Rolle als an deutschen. Wer Studenten etwas vermitteln möchte, muss sich verständlich ausdrücken. In Deutschland erhalten Forscher ihre Reputation nicht nur durch Lehrleistung, sondern vor allem durch wissenschaftliche Leistung, bei der sie mit anderen Experten kommunizieren.

Und: Die Angelsachsen haben eine lange Tradition der Empirie. Schon der englische Naturwissenschaftler Isaac Newton setzte bei seinen Forschungen im 17. Jahrhundert auf Experimente. Am Anfang stand ein Problem, und dafür suchte man eine Lösung. Diese Herangehensweise gilt bis heute. Das zeigt sich auch in der Struktur der Texte: Während deutsche Publikationen häufig mit theoretischen Einführungen beginnen, fangen englische Texte oft mit einem konkreten Beispiel, einem Problem, an. Die Theorie kommt erst später. Der Angelsachse fragt sich: Was bringt es mir, wenn ich forsche? Welchen Nutzen, welchen Gewinn habe ich?

Ganz anders die deutsche Hochschulkultur: Hier wird Wissenschaft der Wissenschaft wegen betrieben. Deshalb ist bei uns auch vieles sehr theoretisch, die Philosophie zum Beispiel.

Aber warum rümpfen hiesige Wissenschaftler pikiert ihre Nasen über Kollegen, die ihre Erkenntnisse verständlich beschreiben, so wie die erwähnte Geschlechterforscherin? Sie könnten sich doch freuen, wenn ein anderer die deutsche Sprache erfolgreich bändigt. «Stilistische Brillanz und rhetorische Gestaltung stehen im Verdacht, unseriös zu sein», sagt Ludwig Eichinger, Präsident des Instituts für Deutsche Sprache in Mannheim. Der schlimmste Vorwurf, den man einem deutschen Wissenschaftler machen könne, sei der Satz: «Sie schreiben ja schön.»

Zwar hat sich die sprachliche Situation in den vergangenen Jahren durch einen zunehmenden angelsächsischen Einfluss etwas verbessert, seit der Umstellung auf Bachelor und Master sind auch die Studiengänge in Deutschland internationaler, praxisorientierter und stärker auf den Arbeitsmarkt ausgerichtet. Immer mehr Fächer werden auf Englisch angeboten, gleichzeitig nähert sich die deutsche Wissenschaftssprache in manchen Bereichen der englischen an. Allerdings spielt Deutsch als Forschungssprache international ohnehin kaum noch eine Rolle. Während im 19. Jahrhundert Deutsch noch vor Englisch und Französisch als die wichtigste Sprache der Naturwissenschaften galt, wird in naturwissenschaftlichen Fächern, der Mathematik, in den Wirtschaftswissenschaften und selbst in der Philosophie heute fast alles gleich auf Englisch publiziert.

Dennoch: In der deutschen Wissenschaftssprache verzichtet man noch immer auf Unterhaltungseffekte, um bloß seriös zu wirken. Wissenschaftler und Sprachexperten nennen vor allem drei Gründe für dieses Gebaren. Sie lassen sich zu folgenden Thesen zusammenfassen:

- Fachsprache darf nicht simpel sein, weil sie sonst zu banal wirken könnte.

- Fachsprache ist ein akademisches Muskelspiel, das der Anerkennung im eigenen kleinen Kreis dient.
- Mit der Fachsprache will sich der Wissenschaftler vom Rest der Gesellschaft abgrenzen. Sie ist ein Teil des akademischen Habitus.

Angst vor Banalität

Populärwissenschaftliche Veröffentlichungen sind in Deutschland verpönt. Ein Buch, das qualitativ hochwertig ist und sich auch noch gut verkauft, ist vielen Wissenschaftlern suspekt. Einen Text in kleiner Auflage zu veröffentlichen, den nur eine Handvoll erlesener Leute verstehen, scheint den meisten lieber zu sein, als ihr Buch in der Auslage einer großen Buchhandlung zu sehen. *L'art pour l'art* – die Kunst für die Kunst oder eben: die Wissenschaft für die Wissenschaft.

Deshalb nehmen viele Philosophie-Professoren etwa den erfolgreichen Buchautor und Philosophen Richard David Precht nicht für voll, obgleich Precht mit seinen anschaulich geschriebenen Büchern und leichtverständlichen philosophischen Erklärungen eine Lücke füllt, die Hochschulwissenschaftler nicht besetzen. «Wenn man sich gerade etabliert, eine Karriere aufbauen und wissenschaftlich ernst genommen werden will, sollte man tunlichst nicht populärwissenschaftlich schreiben», sagt Schreibtrainer Markus Reiter. Höchstens wenn man ein altgedienter Professor sei, dann dürfe man das vielleicht irgendwann.

«Natürlich schreibe ich für das Fachpublikum anders, als ich es für die breite Öffentlichkeit tun würde», berichtet ein Professor für Politikwissenschaft. Für die Allgemeinheit würde er unterhaltsamer und einfacher formulieren, meint er, müsste dann aber auf Feinheiten verzichten.

Es gibt nur wenige Wissenschaftler, die glauben, dass es möglich ist, allgemeinverständlich zu schreiben, ohne auf Differenzierungen und Zwischentöne zu verzichten. Heinrich August

Winkler zum Beispiel, einer der bekanntesten deutschen Historiker, bläute seinen Studenten ein, so zu formulieren, dass sie auch von Laien verstanden werden. Sie müssten eines scheuen wie der Teufel das Weihwasser, und das sei der Fachjargon, sagte er. Denn: Keineswegs könnten komplexe Dinge nur kompliziert ausgedrückt werden. «Im Gegenteil», so Winkler, «ich glaube, dass die Verständlichkeit der Darstellung eher dafür spricht, dass ein Autor versucht hat, ein Problem zu Ende zu denken.»

Diese Einstellung teilen jedoch nicht viele Wissenschaftler. Demnach zu urteilen, was in Bibliotheken zu finden ist, eint sie eher die Angst, Lesbarkeit würde den intellektuellen Tiefgang ihres Textes gefährden.

Akademische Muskelspiele

Warum ist es für deutsche Wissenschaftler wichtiger, im kleinen Kreis anerkannt zu werden, als Studenten oder der Öffentlichkeit ihre Erkenntnisse nahezubringen? Wolf Wagner hat eine historische Erklärung für dieses Phänomen: Im 19. Jahrhundert setzte der Gelehrte Wilhelm von Humboldt die radikalen preußischen Bildungsreformen um. Professoren wurden staatliche Beamte auf Lebenszeit, unkündbar und mit einem guten Gehalt. Doch: Nach einer Professur ging es nicht mehr weiter, weder im Status noch im Gehalt.

Stillstand verträgt sich aber nicht mit den Kämpfernaturen, die Wissenschaftler oft sein müssen, wenn sie sich gegen die Konkurrenz im Hochschulbetrieb durchsetzen wollen. Schon Humboldt bezeichnete die «Fachgelehrten» als «die unbändigste und am schwersten zu befriedigende Menschenklasse – mit ihren sich ewig durchkreuzenden Interessen, ihrer Eifersucht, ihrem Neid [...]».

Da es keine Aufstiegsmöglichkeiten mehr gab, konzentrierten sich die deutschen Professoren nun auf den symbolischen Aufstieg, nämlich das Ansehen, das ein Wissenschaftler in Fachkreisen hat. Forschung und Lehre wurden immer abgehobener und schwerer nachvollziehbar, was wiederum, so Wagner, perfekt zu «den Aufstiegsbedürfnissen einer neuen bürgerlichen Akademikerschicht» passte, die «der Arroganz des preußischen Adels ihr akademisches und kulturelles Niveau entgegensetzte». Seither gehe es in der Wissenschaft vor allem um Karriere, Prestige und Exklusivität.

Noch heute ist es so: Wer Professor werden will, braucht Unterstützung von Koryphäen und Vorgesetzten. Und die achten darauf, wie viel ein Nachwuchsforscher in einschlägigen Fachjournalen veröffentlicht; die Anzahl der Publikationen ist die Währung der Wissenschaft. Also schreibt der Wissenschaftler möglichst viel und möglichst kompliziert, um mit seinen Texten, Forschungsanträgen und Vorträgen die Fachkollegen zu beeindrucken – und nicht, um Studenten oder gar der Öffentlichkeit etwas mitzuteilen.

Sprache wird damit ein Mittel zum Zweck. Wer als intellektuell gelten will, macht es kompliziert. Dabei sollte doch gerade jemand, der ein wissenschaftliches Problem lösen will, Wert auf Verständlichkeit legen und sich klar ausdrücken.

Eine weitere mögliche Erklärung für die sprachlichen Eskapaden vor allem in den Geistes- und Sozialwissenschaften: Fächer wie Pädagogik und Politikwissenschaft wurden von anderen Fachbereichen lange nicht ernst genommen. Um sich Ansehen und Respekt zu verschaffen, etablierten die Vertreter dieser Fächer eine eigene «Sprache» mit eigenen Begriffen. Diese sollten hochwissenschaftlich klingen, waren aber leider vor allem abstrakt und aufgeblasen. Das Gleiche passierte in vergleichsweise jungen Fächern wie Betriebswirtschaft, Marketing und Public Relations. Sie litten offenbar ebenfalls unter einem Minderwertigkeitskomplex und versuchten, sich mit Anglizismen hervorzutun. Oder wie kann man sonst abgehobene Begriffe wie «Unique Selling Proposition», «Affiliate-Marketing» oder «Keyvisual» erklären?

Erziehungswissenschaftlerin Astrid Kaiser, die jene öffentliche Demontage der jungen Geschlechterforscherin beobachtete, hat noch eine andere Erklärung. Das Phänomen der entrückten Wissenschaftssprache hat aus ihrer Sicht einen psychologischen Hintergrund: die häufigen Demütigungen im wissenschaftlichen Betrieb. Egal, ob jemand seinen Master macht oder sich habilitiert – er ist immer abhängig von der Gunst der Professoren. Denn sie entscheiden, ob er die Prüfung besteht oder den Titel erhält. Diese jahrelangen Abhängigkeiten und das Konkurrenzgebaren werden häufig als Herabsetzung empfunden. «Wenn der Student oder Doktorand dann später selbst Professor ist, gibt er diese Erfahrungen weiter, indem er demütigend kompliziert mit seinen Studenten spricht», glaubt Kaiser.

Tatsächlich räumen einige Professoren ein, dass sie zu Beginn eines Semesters gern besonders dick auftragen. Statt einfacher Wörter, die jeder verstehen würde, benutzen sie mit arroganter Selbstverständlichkeit abgehobene Synonyme. Die hilflosen Blicke der Studenten scheinen sie dabei noch anzufeuern, und sie legen ihre Vorlesungen in studentenunfreundliche Zeiten, vorzugsweise am frühen Montagmorgen oder am späten Freitagabend. Damit, so ihr Kalkül, in ihren Seminaren und Vorlesungen möglichst schnell nur noch besonders strebsame, ehrgeizige und vor allem leidensfähige Exemplare sitzen.

Sprache als Unterscheidungsmerkmal

Wie sich ein Mensch ausdrückt, bestimmt das Bild, das sich die Umwelt von ihm macht. Sprache wird damit zu einem Unterscheidungsmerkmal, zu einem Mittel, sich von anderen abzuheben. Coole Teenager grenzen sich mit neuen Wortschöpfungen von ihren spießigen Eltern ab. Junge Menschen, egal, ob mit oder ohne Migrationshintergrund, sind stolz auf ihr Kiez-Deutsch, ein zum Teil mehrsprachiger Straßenslang mit eigener Grammatik. Die Art, wie jemand spricht oder schreibt, sagt etwas über ihn aus. Einige machen sich über ihren Schreib- oder Sprachstil kaum Gedanken. Andere umso mehr. Beides kann für Mitmenschen strapaziös sein.

Franz Walter, Politikprofessor und Leiter des Göttinger Instituts für Demokratieforschung, macht die 68er-Generation verantwortlich für die sprachlichen Auswüchse in den Sozialwissenschaften: Gerade die Linken hätten sich mit ihrem Bildungsdünkel und Abgrenzungsgebaren von unteren Schichten abheben wollen. Mit den richtigen Begriffen und Zitaten von Vertretern der Frankfurter Schule, jener Gruppe Intellektueller, die als Anhänger der Kritischen Theorie gelten, verliehen sich die 68er, so Walter, «vermeintliche Tiefsinnigkeit» – und fühlten sich damit dem großen Rest der Gesellschaft überlegen. Argumentiert wurde 1971 mit Sätzen aus «Konstitution und Klassenkampf» von Hans-Jürgen Krahl: «Die spätkapitalistische Gesellschaftsformation schlägt alle institutionalisierten Organisationsformen der Opposition, des Widerstandes und der Revolution mit dem Signum der Integration. Der anschauliche Beweis dafür ist das massenorganisatorisch deformierte Schicksal der Leninschen Kaderpartei in der Naturgeschichte der westeuropäischen Arbeiterbewegung; als deren abstrakte Negation lehrt Marcuse die emanzipatorische Renitenz des sich triebstrukturell umwälzenden Individuums und des seine bedürftige Vitalität revolutionierenden Einzelsubjekts.»

Diese «raunende, esoterische, labyrinthische Sprache» habe der Dutschke-Generation das erhabene Gefühl gegeben, eingeweiht zu sein, sagt Walter. Ein Höhepunkt war, auch in sprachlicher Hinsicht, das «Organisationsreferat» von Rudi Dutschke und Hans-Jürgen Krahl. Die Studentenführer und politischen Aktivisten hielten die Rede 1967 auf einer Konferenz des SDS, dem Sozialistischen Deutschen Studentenbund. Über radikale Studenten heißt es darin: «Der städtische Guerillero ist der Organisator schlechthinniger Irregularität als Destruktion des Systems der repressiven Institutionen.»

Ob der «städtische Guerillero» das wohl verstanden hat?

Heute sind die 68er von damals fast alle im Rentenalter, doch zuvor haben sie jahrzehntelang als Professoren, Lehrer oder Redaktionsleiter den sprachlichen Duktus ihrer Studenten, Schüler oder Mitarbeiter geprägt – und ihnen gezeigt: Die richtige Wortwahl und Ausdrucksweise ist ein Zeichen der eigenen Bildung und Klugheit. Zumindest nach ihrem Verständnis.

Warum lassen wir sie nicht einfach reden? Macht doch nichts, wenn niemand ihre wissenschaftlichen Ergüsse versteht! So einfach sollte man es sich aber nicht machen. Was Forscher herausfinden, kann schließlich das Leben aller betreffen. Legen Experten zum Beispiel dramatische Studien zum Klimawandel vor, können diese Einfluss nehmen auf politische Entscheidungen zu CO_2-Obergrenzen oder dem Tempolimit auf Autobahnen. Dasselbe gilt für andere Bereiche: Finanzpolitische Entscheidungen werden gern mit volkswirtschaftlichen Studien untermauert, und gesundheitspolitische Maßnahmen orientieren sich häufig an Untersuchungen und Zahlen der Weltgesundheitsorganisation. Manövrieren sich Forscher mit ihrer Ausdrucksweise von vornherein in eine Parallelwelt, deren Sprache außer ihnen niemand versteht, wer kann dann noch die Entscheidungsgrundlagen von Politikern nachvollziehen? Wer traut sich, selbstbewusst zu diskutieren oder sich öffentlich einzumischen? Oder wollen einige Forscher genau das gar nicht – in Kontakt treten mit Leuten außerhalb ihres Dunstkreises? «Politikwissenschaftler insbesondere interessieren sich nicht für die möglichen Adressaten ihrer Untersuchungsresultate», sagt Politikprofessor Walter. Vielleicht werden deshalb politologische Fachzeitschriften nur von wissenschaftlich tätigen Politologen gelesen – und so gut wie nie von interessierten Bürgern.

Einschläfernde Texte – Das passiert im Gehirn
Warum fallen uns bei langen, komplizierten und unverständlichen Sätzen die Augen zu? Warum legen wir erschöpft die Texte für das

Seminar am nächsten Tag beiseite, um stattdessen noch stundenlang – die Müdigkeit ist plötzlich verschwunden – in einem Roman zu lesen oder Filme zu gucken? Will unser Kopf uns ärgern? Nein. Unser Gehirn mag nur keine verschachtelten Sätze mit vielen Fremdwörtern; sie sind ihm zu anstrengend. Wenn jemand beim Lesen auf ein ihm unbekanntes Wort stößt, braucht sein Gehirn bis zu einer halben Sekunde, um das zu bemerken. Das klingt zwar zunächst nicht langsam, kann aber auch viel schneller gehen: Bekannte Wörter werden in weniger als einer fünftel Sekunde verarbeitet.

Zuerst sucht das Gehirn das sogenannte mentale Lexikon ab, in dem alle Begriffe, die es kennt, eingetragen sind. Gibt es dort keinen Eintrag, versucht das Gehirn, das Wort auf andere Weise zu verstehen, zum Beispiel anhand des Zusammenhangs. So wirken Fremdwörter wie Bremspoller in einer verkehrsberuhigten Zone. Sie halten auf, man verliert Zeit. Und das gilt nicht nur für das Verstehen von Fremdwörtern, sondern auch bei verschachtelten Sätzen.

Ein Beispiel: «Der Mann, dessen Hund in der vergangenen Woche den Postboten gebissen hat, als dieser die Post bringen wollte, ist, als er Milch holen wollte, ausgerutscht.»

Ganz ehrlich: Wer musste diesen Satz nicht mindestens zweimal lesen? Bis endlich das Verb kommt, das den Satz verständlich macht, muss das Gedächtnis viel zu viele Informationen zwischenspeichern. Die Energie, die das Gehirn braucht, um die komplizierte Satzstruktur zu durchdringen, fehlt dann bei der Analyse der Inhalte – selbst bei einem solch banalen Satz. Das wäre nicht nötig, hätte der Autor anders formuliert: «Ein Mann rutschte aus, als er Milch holen wollte. Der Mann hat einen Hund, der vergangene Woche den Postboten gebissen hat, als dieser die Post bringen wollte.»

Wie schnell man einen Satz versteht, hängt auch davon ab, wie viele Informationen er enthält. Je mehr es sind, desto länger braucht das Gehirn, um sie zu verarbeiten. Auch Passivsätze kosten unnötig Zeit: Den aktiv formulierten Satz «Der Hund beißt den Postboten» versteht ein Leser leichter als «Der Postbote wird vom Hund gebissen».

Ein Trick, damit Informationen beim Leser oder Zuhörer hängen bleiben: so konkret wie möglich formulieren. Das Gedächtnis speichert zum Beispiel «Stuhl» besser ab als «Möbelstück». Mit einem abstrakten Wort verbindet man in der Regel nur wenige Erfahrungen, deshalb wird es auch nur in einem kleinen, sprachspezifischen Gehirnareal abgelegt. Bei einem konkreten Begriff wie «Stuhl» hingegen setzen sich mehrere unterschiedliche Hirnbereiche miteinander in Verbindung. Unbewusst wird der Geruch von Holz abgerufen, das Gefühl, auf einem Stuhl zu sitzen, oder das Geräusch, das ein Stuhl auf Fliesen erzeugt.

Ein paar Ratschläge also für jeden, der nicht verstanden werden will, sei es, weil er imponieren möchte oder weil er den Inhalt selbst nicht so richtig kapiert hat: möglichst viele unbekannte Fremdwörter benutzen. Abstrakte Begriffe verwenden, das hält den Inhalt vage. Die Sätze bis zur Unkenntlichkeit verschachteln – je länger, desto besser. Das verwirrt den Leser und überlastet jedes Arbeitsgedächtnis. Gewagte und substanzlose Thesen werden so erst einmal nicht hinterfragt.

Das Geschwafel
der Disziplinen –
wo es am schlimmsten ist

Wenn es um Sprache geht, kann man sich eine Universität so vorstellen wie die Bundesrepublik Deutschland: In jedem Teil des Landes wird ein anderer Dialekt gesprochen. Es gibt Bayerisch, Sächsisch, Schwäbisch oder Plattdeutsch. Je weiter man in ein Gebiet vordringt, je kleiner und abgelegener das Dorf ist, desto weniger versteht ein Außenstehender das Gesagte. Manchmal versteht er sogar gar nichts.

Vor allem in den Geistes- und Sozialwissenschaften wie Philosophie, Germanistik, Soziologie, Politikwissenschaft oder Kommunikationswissenschaft geht es Studenten wie einem Hamburger in einem Dorf im allertiefsten Bayern – er kommt nicht mit. Lateinische Floskeln, aufgeblähte Formulierungen, komplizierte Satzkonstruktionen: Hier findet man sie am häufigsten. Dies könnte daran liegen, dass in diesen Fächern bei der Wissensvermittlung Sprache eine große Rolle spielt. Wer sich nur über Worte definiert und erklärt – und nicht über Zahlen oder die Ergebnisse von Experimenten –, neigt offenbar stärker dazu, sich durch die Wortwahl Respekt verschaffen zu wollen. «In den Sozialwissenschaften herrscht Abkapselung, eine fast sektenhafte Pflege und Dogmatisierung des eigenen Jargons», sagt Politologe Franz Walter. Noch schlimmer sind laut Sprachtrainer Markus Reiter nur die Pädagogen: «Hier wird versucht, mit vielen Fremdwörtern Bedeutung vorzugaukeln.»

Ein paar Ausnahmen gibt es. Historiker wie Joachim Fest, Sebastian Haffner oder Golo Mann bemühten sich in ihren Büchern um eine schöne und stilvolle Sprache – mit Erfolg. Allerdings sind es auch hier eher die Wissenschaftler ohne universitären Lehrstuhl, die sich möglichst verständlich ausdrücken wollen.

Auch Wirtschaftswissenschaftler beherrschen die Abgrenzung durch eine eigene Sprache. Die Studiengänge sind häufig international ausgerichtet, das hinterlässt Spuren. Um zu zeigen, wie weltgewandt sie sind und wie global sie denken, sagen sie Sätze wie: «Das ist überhaupt nicht convenient», «Es muss sich leveragen» oder «Das ist eine schlechte Performance». Man könnte ja auch deutsche Begriffe wählen wie «praktisch», «auszahlen» oder «Leistung». Doch dann würden sich Sätze, mit denen ein Unternehmen von seiner Facebook-Strategie berichtet (z. B. «Sharen ist besser für die visibility als liken»), plötzlich seltsam anhören. Bei den Rechtswissenschaftlern ist die sprachliche Hürde ebenfalls sehr hoch. Die juristische Fachsprache ist überfrachtet mit Substantivierungen wie «Inanspruchnahme», «Bewilligung» oder «Bekanntmachung», die gern auch noch mit «hinsichtlich» oder «im Sinne der» eingeleitet werden. Ein möglicher Grund für diese Eigenart: Juristen wollen sofort wissen, um was es geht. Da aber in der deutschen Sprache das Verb oft erst sehr spät in einem Satz kommt, behelfen sie sich mit Substantivierungen, denn die können auch am Satzanfang stehen. So erklärt es Ludwig Eichinger, Präsident des Instituts für Deutsche Sprache. Die sprachliche Hässlichkeit hat hier also einen inhaltlichen Zweck. Sehr fraglich, ob dieser immer erfüllt wird.

In den Naturwissenschaften wie Physik, Biologie oder Chemie sind die Formulierungen und Satzkonstruktionen meist weniger komplex. Formeln und Zahlen sind oft schon kompliziert genug, schwierig wird es hier vor allem bei den Fachausdrücken: Ohne die geht es nicht, Laien verstehen jedoch oft gar nichts. Dasselbe gilt für Fächer wie Maschinenbau, Mathematik oder Medizin, und auch die Geologie oder die Länderkunde sind nicht frei von sprachlichen Hindernissen.

Um beim Bild der Bundesrepublik Deutschland zu bleiben: Ein dialektfreies Hannover gibt es in der Universitätswelt nicht. Nur manchmal trifft man vereinzelt Vertreter, die Hochdeutsch reden.

Um den sprachlichen Wahnsinn an Unis aufzuzeigen, haben wir willkürlich Textbeispiele aus Büchern unterschiedlicher Fachbereiche herausgesucht. Darunter sind Einführungen in Themengebiete, bei deren Lektüre uns die Erstsemester wirklich leidtaten. Denn auch wir waren trotz abgeschlossenen Studiums oft nicht in der Lage, den Ausführungen zu folgen. Einiges konnten wir nach mehrmaligem Lesen entschlüsseln, anderes blieb eine Blackbox.

Um zu zeigen, dass es anders geht, haben wir Leute, die ihren Lebensunterhalt vor allem mit Sprache bestreiten, gebeten, die schlimmsten Sätze zu kommentieren und in verständliches Deutsch zu übersetzen. Andere wären dabei ins Schlafkoma gefallen, unsere Übersetzer hielten durch. Dank ihrer Mühe wissen wir jetzt, was die Wissenschaftler mitteilen wollten. *Wenn* sie etwas mitteilen wollten.

Die «Übersetzer»:

Eckart von Hirschhausen, geboren 1967, studierte Medizin und schrieb seine Doktorarbeit über Immunglobulintherapie beim Schwein. Heute bringt er mit medizinischen Themen die Menschen zum Lachen. Seit über 15 Jahren ist er als Komiker, Autor und Moderator unterwegs und schrieb die Bücher «Arzt-Deutsch», «Die Leber wächst mit ihren Aufgaben», «Glück kommt selten allein» und «Wohin geht die Liebe, wenn sie durch den Magen durch ist?». Hirschhausen gründete außerdem die Stiftung «Humor hilft heilen» – für mehr gesundes Lachen im Krankenhaus.

Vince Ebert, geboren 1968, beschäftigt sich als Kabarettist vor allem mit skurrilen Fragen wie «Warum entwickeln die Menschen Reisezwiebelschneider?», «Woher hat der Atompilz seine Form?» oder «Warum müsste King-Kong zur Rückengymnastik?». Bevor er 1998 anfing, auf lustige Fragen ebenso lustige Antworten zu finden, verfolgte Ebert eine ernsthafte Karriere: Er studierte Physik, arbeitete in einer Unternehmensberatung und in der Marktforschung. Ebert moderiert regelmäßig die ARD-Sendung «Wissen vor acht – Werkstatt». Im Herbst 2013 erschien sein drittes Buch «Bleiben Sie neugierig!».

Armin Himmelrath, geboren 1967, ist freier Bildungs- und Wissenschaftsjournalist. Er arbeitet unter anderem für den SPIEGEL und SPIEGEL ONLINE, Deutschlandradio und den WDR-Hörfunk und interessiert sich vor allem für abseitige Themen im Bildungs- und Wissenschaftssystem: plagiierende Minister, skurrile Examensarbeiten oder ungewöhnliche Lehrer und Forscher. Zum Beispiel solche, die sich mit dem Innendruck von furzenden Pinguinen beschäftigen.

Markus Reiter, geboren 1968, ist Journalist und Sprachtrainer. In Seminaren und Einzelcoachings seiner Agentur «Klardeutsch» zeigt er, wie man sich verständlich ausdrückt. Zuvor war Reiter stellvertretender Chefredakteur von Reader's Digest und Feuilletonredakteur der FAZ. Sein Erweckungserlebnis hatte er im zweiten Semester seines Politikstudiums: Er saß auf der Terrasse seiner Bamberger Studentenbude, übersetzte einen soziologischen Text, den er nur mit Mühe verstanden hatte, in einfaches Deutsch – und stellte dabei fest, dass er nur Banalitäten enthielt.

Inge Schröder, geboren 1954, ist Diplom-Biologin und hat in Anthropologie promoviert. Nachdem sie sieben Jahre für einen Pharmakonzern gearbeitet hatte, kehrte sie an die Uni zurück. Sie schreibt sowohl wissenschaftliche als auch populärwissenschaftliche Artikel, zum Beispiel über Elefantenmord, die Evolution des verborgenen Eisprungs oder Machos. In ihrer Freizeit ist sie Mitglied einer Kabarettgruppe. Auf der Bühne zog sie auch schon ihre eigene Doktorarbeit durch den Kakao. Heute ist Schröder Geschäftsführerin des Wissenschaftszentrums Kiel, dessen

Hauptaufgabe der Wissenstransfer zwischen Hochschule und Wirtschaft ist.

Wir haben unseren Übersetzern Passagen aus unterschiedlichen Fachbereichen vorgelegt. Alle Zitate sind unverändert, inklusive Rechtschreibfehlern und absurden Wortbildungen.

Jetzt geht's los, und zwar schonungslos:

Pädagogen und Erziehungswissenschaftler: Wettlauf der Banalitäten

Pädagogen sind die Schlimmsten, warnte Sprachtrainer *Markus Reiter*. Er hatte recht. Also: extratief Luft holen!

Lehrreiches

«Handbuch für Medienpädagogik und Didaktik», das klingt erst einmal harmlos. Doch Vorsicht, dieser Text ist eine Qual für jeden Leser. In diesem kurzen Absatz sind die Wortstämme «lehr-» und «lern-» stolze dreizehn Mal untergebracht:

> «Die Lernenden kommen mit bestimmten Lernvoraussetzungen in den Unterricht und führen dort bestimmte Lernaktivitäten durch, die gewisse Lerneffekte haben. Die Lehrperson hat bestimmte Zielvorstellungen, führt entsprechende Lehrhandlungen aus und bildet aufgrund der Lernaktivitäten der Lernenden Annahmen zum Lernerfolg, die zu einer Modifizierung der Lehrhandlungen führen können. Lernaktivitäten und Lehrhandlungen sind dabei immer mit bestimmten Inhalten, Erfahrungsformen bzw. Medien und Sozialformen verbunden und stehen im Kontext von Lerngruppe, institutionellen und gesellschaftlichen Bedingungen.»[1]

Armin Himmelrath hat die Passage übersetzt. Erschreckend, wie wenig Inhalt übrig bleibt:

> «Schüler und Lehrer erwarten im Unterricht verschiedene Din-

ge. Und je nachdem, wie sich einzelne verhalten, kann sich auch das Verhalten der anderen ändern.»

Auch für Sprachkritiker *Wolf Schneider* sind solche Passagen die Hölle. Entsprechend scharf ist seine Kritik:

«Der Text hat die Aussage Null, ihn in besseres Deutsch zu übersetzen wäre verlorene Liebesmüh. Es werden mehrmals ‹bestimmte›, ‹entsprechende› und ‹gewisse› Lernaktivitäten und Lehrhandlungen vorgestellt – und was für Wetter haben wir heute? Ein bestimmtes, gewisses, entsprechendes. ‹Lernaktivitäten› sind logisch und grammatisch eine Missgeburt: ‹Aktivität› ist ein Singularetantum, die Summe vieler Aktionen oder die Haltung des Aktivseins; ‹Aktivitäten› überdies ein seit Jahrzehnten überreiztes Modewort in PR und Marketing – und daher selbst dann schlechtes Deutsch, wenn es korrekt wäre. Ebenso gibt es zu ‹Inhalt› keinen Plural. ‹Lehrhandlung›, grammatisch einwandfrei, ist keine Tätigkeit, von der ich mir vorstellen kann, dass ein Lehrer sie je so nennen würde. Ein geblähtes Nichts.»

Der Wortschatz sei bis zu einem solchen Grade akademisch überzwirbelt, dass er große Mühe habe, ihn zu verstehen. Anschließend weigerte sich Schneider, weitere «Mühsal zu investieren» in Texte, die er hasse und verachte.

Von Äpfeln und Birnen

Wer hätte gedacht, dass dieser überdrehte Satz ungefähr so viel heißt wie «Äpfel sollte man nicht mit Birnen vergleichen»?

«Die Klarheit bzw. Transparenz einer Analogie richtet sich danach, wie weit die dargestellten Objekte der Ausgangsdomäne denen der Zieldomäne entsprechen, d. h. unter anderem auch, wie viele der jeweiligen Prädikate bzw. Eigenschaften der einzelnen Objekte übertragen werden können.»[2]

Armin Himmelrath fasst zusammen:

«Vergleiche sind dann gut, wenn die verglichenen Dinge auch vergleichbar sind.»

Einführungstexte? Von wegen!

Wer sich noch immer gegen die These wehrt, dass einige Pädagogen inhaltlichen Tiefgang nur vorgaukeln, sollte hier weiterlesen. Doch, doch, es handelt sich dabei um eine Einführung:

> «Die Antipädagogik gesteht den Einfluß gesellschaftlicher Regeln auf die Personwerdung des Kindes nicht zu und verstärkt dadurch nur deren Wirkung. Weil Interaktionen allein unter Bezug auf Subjekte theoretisch erfaßt werden sollen, um jeder entfremdenden Verdinglichung zu entgehen, welche die Antipädagogik schon dort vermutet, wo nur objektive Momente als bedeutsam für Situationen angenommen werden, darf die in Situationen hineinspielende Faktizität des Wirklichen nicht einmal begrifflich dargestellt werden.»[3]

«Personwerdung des Kindes», «in die Situation hineinspielende Faktizität» – Antipädagogik im Dialog kann ziemlich heftig sein. *Markus Reiter* macht diese Passage verständlich:

> «Die Antipädagogik ist dagegen, dass Kinder Regeln lernen müssen. Sie interessiert sich nur dafür, wie Kinder miteinander umgehen. Man darf noch nicht einmal sagen, dass äußere Umstände bei der Erziehung eines Kindes eine Rolle spielen könnten.»

Und *Armin Himmelrath* kürzt ab:

> «Antipädagogen lenken durch Begriffsklauberei von ihrer Hilflosigkeit ab – denn Kinder entwickeln sich immer anders als geplant.»

Eine Frage der Perspektive

Ganz offensichtlich, die Antipädagogik kämpft um ihre Daseinsberechtigung:

> «Der Einwand, die Antipädagogik sei unwissenschaftlich oder wissenschaftlich nicht begründet, hält einer eingehenden Betrachtung nicht stand.»[4]

Ein kurzer Satz. *Armin Himmelrath* kann es noch kürzer sagen:

> «Wer Antipädagogik für unwissenschaftlich hält, ist doof.»

Leere Lehre

Und noch eine Passage, in der die Sätze mehr Inhalt vortäuschen, als *Markus Reiter* aus diesem Zitat herausliest:

«Demnach können auch moralisch-ausgerichtete Gespräche im Konfliktfall dann eingestellt bzw. das Fragen kann sich dann beruhigen, wenn man trotz aller Bemühungen die ‹Nicht-Richtigkeit› einer Motivation, einer Handlung, einer Normanwendung bzw. einer Wertung oder die Ungültigkeit eines Werturteils nicht aufzuzeigen vermag. Gelingt der Nachweis der Unbegründetheit von Gründen nicht, so können sie weiterhin als gute Gründe betrachtet werden, für die man Verantwortung übernehmen kann und soll.»[5]

Markus Reiter fasst zusammen:

«Gelingt es einem Lehrer nicht, nachzuweisen, dass ein Schüler unrecht hatte, kann er nichts machen. Er muss dann davon ausgehen, dass der Schüler vielleicht doch recht hat.»

Schwarze Stunden der Antipädagogik

So mancher Antipädagoge hat vielleicht schlimme Erfahrungen in der Kindheit gemacht. Damit lässt sich fast alles erklären. Auch der schlimme Jargon:

«Es läßt sich – im pädagogischen System bleibend – über die antipädagogische Position ja ohne weiteres so denken, daß der Wegfall der Erziehungsbedürftigkeit und die Ablehnung, Aneignungsleistungen vorzuschreiben, zur Folge haben müsse, daß die zum Überleben erforderlichen Aneignungsleistungen auf ihre grundlegende Disponibilität zurückgedacht werden und daß das, was gelernt werde, welche Erfahrungen gemacht werden, daher allein von der spontanautonom gefällten Entscheidung des Subjekts abhängen (soll).»[6]

Vince Ebert hat durchschaut, was den Autor dieses Textes eigentlich bewegt:

«Ich hatte einen autoritären Vater, den ich bis heute hasse. Deswegen kann ich alles, was mit Erziehung zu tun hat, nicht leiden. Meine eigenen Kinder tanzen mir zwar auf der Nase herum, aber die sind eh meistens bei ihrer Mutter.»

Wirtschaftswissenschaftler: Oh yeah, wir sind so much international!

Ihr Zuhause sind die Konferenzräume dieser Welt. Sie sind die Herrscher der globalen Finanzströme. Sie können jedes Produkt verkaufen. Alles. Überall. Und an jeden. Das ist zumindest der Plan. Und dafür braucht es vor allem: viel sprachliches Getöse.

Vorsicht vor Multi-Sellern

Kein Wunder, dass BWLer zuweilen zu gierigen Börsenspekulanten werden. Schließlich werden sie schon im Studium mit Büchern terrorisiert, in denen die Namen irgendwelcher Programme länger sind als die eigene Krawatte. Da kann der Lohn später gar nicht hoch genug sein, dass man sich für diese Qualen entschädigt fühlt:

> «Die Citibank AG, Frankfurt, begann in Deutschland im Jahr 1988, mit einem Multiseller-Multi-Purpose Asset-Backed Commercial Paper-Programm für den Verkauf von Forderungen bei europäischen Unternehmen zu werben. Kern des noch bestehenden Programms ist eine europäische Forderungsankaufsgesellschaft mit dem Namen EUROPEAN SECURITIZATION COMPANY ‹ESC›, die sich über Begebung kurzfristiger Schuldtitel (Commercial Paper) der Tochtergesellschaft ESC Securitisation, Inc., (‹ESC-US›) im internationalen Kapitalmarkt – vorzugsweise in den USA – refinanziert.»[7]

Einen Dozenten wie *Markus Reiter* würden sich Wirtschaftswissenschaftler wünschen. Denn er erklärt es ganz einfach:

> «1988 brauchte die Citibank in Frankfurt mal wieder Geld. Am liebsten wollte sie dafür Schulden in den USA machen. Aber wie

kommt man an das Geld ran? Die Bank gründete eine Gesellschaft mit einem schicken Namen, nämlich ‹European Securitization Company› (ESC). Die neue Gesellschaft gab Schuldtitel aus, mit denen sie die Schulden verkaufte, die europäische Unternehmen bei der Citibank hatten. Weil es genug Leute gibt, die der Meinung sind, eine beeindruckende Bezeichnung bedeute auch ein beeindruckendes Produkt, nannten sie ihr Programm ‹Multiseller-Multi-Purpose Asset-Backed Commercial Paper-Programm›!»

Willst du mich physisch kontakten?

Wenn Werbepsychologen über «physisch kontakten» sprechen, meinen sie einfach nur, dass sich die Beteiligten «treffen». Ob Marketingfuzzis sich wohl auch auf diese Weise mit ihren Freunden verabreden? Hast du Lust, mich heute Abend physisch zu kontakten? Nee, das ist irgendwie nicht so der Burner und würde wahrscheinlich nicht jeden triggern …

«Bei Maßnahmen, die auf Märkten greifen sollen, ist es ähnlich: Sie müssen zunächst die Zielpersonen – egal, ob dies Anbieter, Nachfrager oder Funktionäre sind – physisch kontakten, dann von diesen beachtet werden und auch eine gewisse allgemeine Aktivierung auslösen. Sowohl die Wahrnehmung als auch die allgemeine Aktivierung sollten in der Regel positiv getönt, also frei von negativen Gefühlen sein, die sich auf den Initiator der Maßnahme und die Maßnahme selbst negativ auswirken könnten.»[8]

Markus Reiter wirkt auch nicht so, als würde er sich auf diese Weise mit seinen Buddies connecten. Here we go:

«Wenn eine Werbeveranstaltung wirken soll, müssen sich die Beteiligten treffen. Dann wäre es super, wenn sie sich gegenseitig wahrnehmen und irgendwas miteinander unternehmen. Dabei sollten sie aufgeschlossen und gut drauf sein. Wenn die Beteiligten nämlich mies drauf sind, finden sie auch die Maßnahme blöd und diejenigen, die sie organisiert haben.»

Die maximale Unverständlichkeit

Dieser Autor benutzt jede erdenkliche Methode, um die Arbeit maximal unverständlich zu machen: Er benutzt Substantivierungen, sperrige Begriffe, Fremdwörter, Anglizismen und bastelt daraus lange, unverständliche Sätze.

> «In Bezug auf methodische und prozessbezogene Fragestellungen wurde zunächst prononciert, dass bei den Prüfungsgegenständen [...] aufgrund unterschiedlicher nationaler Ausgestaltungen Ansatzpunkte für eine internationale Koordinierung existieren, was in der Schaffung eines Level Playing Field, der Realisierung einer Mutual Recognition und schlussendlich der Verhinderung von aktiver Regulierungsarbitrage münden soll. Analoge Schlussfolgerungen konnten hinsichtlich der Prüfungsintensität, der Entscheidungsmaßstäbe, der Sanktionsmöglichkeiten und des Einsatzes bzw. der Wirkung von adverser Publizität getroffen werden.»[9]

Kollektives Unverständnis kann ein Gemeinschaftsgefühl erzeugen. Immerhin ein Nutzen, den unsinnige Literatur über Enforcement-Aktivitäten stiftet. *Vince Ebert* übersetzt:

«Bei internationalen Projekten jedweder Art entstehen praktisch immer Probleme. An allen Ecken und Enden. Italiener ticken eben anders als Deutsche, Schweizer oder Japaner. In dem Fall muss man koordinieren. Gerne mit einem Coach. Besser noch mit einer international ausgelegten Unternehmensberatung, die für einen Tagessatz von 3500 Euro in einer beeindruckenden Power-Point-Präsentation Begriffe wie ‹Level Playing Field› oder ‹Mutual Recognition› in den Raum wirft. Was genau diese Begriffe bedeuten, weiß zwar keiner so recht, aber wenigstens darin sind sich Italiener, Deutsche, Schweizer und Japaner einig. Und das ist doch schon mal was.»

Informatiker:
Spannend wie ein Computerprogramm

Das Einzige, was Informatiker interessiert, sind Codes und Programmierbefehle? Falsch. Auch unter den Computernerds gibt es sprachliche Inspirationen und Verschachtelungstiefe.

**Vorsicht, die folgende Passage ist nichts
für Technophobe**
> «Eine Inspiration für die Entwicklung des Passauer Teachware-Modells stellten Vorlesungsunterlagen [FSZ00] dar, welche in LaTeX, Leslie Lamports Programmpaket für das Formatierungsprogramm TeX [Kop96], geschrieben wurden (Textsatz-orientierte Spezifikation). LaTeX bietet sachlogische Strukturierungen wie Kapitel, Abschnitte und Unterabschnitte, die allerdings nicht von der Verschachtelungstiefe abstrahieren und damit die Wiederverwendung erschweren.»[10]

Dabei wollte der Autor doch nur etwas ganz Einfaches mitteilen. *Vince Ebert* hat es verstanden:

> «Wenn Inhalte klar gegliedert sind, kann man sie beim Lesen besser verstehen. Auf diese phänomenale Erkenntnis kam ich, als ich einen klar gegliederten Text gelesen habe, dessen Inhalt ich dadurch sofort verstanden habe.»

Soziologen und Politikwissenschaftler:
Nur mal kurz die Welt erklären

Wie funktionieren Gesellschaften? Warum sind Demokratien reicher als Diktaturen? Wann hat ein Volksaufstand die größten Erfolgschancen? Mit solchen Fragen beschäftigen sich Sozialwissenschaftler. Spannend eigentlich. Wäre da nicht diese Sprache.

Ach, die Soziologen. So viele Gedanken, so viele Unterscheidungen:

«Die abendländische Tradition der Bewegt-unbewegt-Unterscheidung ist dadurch ausgezeichnet, dass diese Unterscheidung die Möglichkeit bietet, sich eine Einheit der Unterscheidung vorzustellen, und zwar in Gott selbst, in dem im aristotelischen Sinne unbewegten Beweger. Gott ist die Instanz, die unbewegt die Gesamtheit aller Bewegung und alles Unbewegten zu verantworten hat, beobachtet, aus sich heraus entlässt, schafft oder was auch immer.»[11]

Armin Himmelrath ahnt, was der berühmte Soziologe Niklas Luhmann, von dem diese Passage stammt, meinen könnte:

«Gott ist erstaunlich. Er kann bewegungslos im Himmel hocken und trotzdem alle Strippen ziehen. Wirklich erstaunlich.»

Alltagsästhetische Schemata, handlungstheoretische Konstrukte, umweltrelevantes Verhalten – da kann ja nur ein Soziologe an der Tastatur gesessen haben:

«Umweltrelevantes Verhalten wird als abhängige Variable betrachtet, die im Rahmen allgemeiner handlungstheoretischer Konstrukte in der Tradition der ‹Theory of Planned Behaviour› oder des ‹Norm-Aktivations-Modells› erklärt werden soll. Neben Einstellungen im Sinne der Sozialpsychologie werden Wertorientierungen und alltagsästhetische Schemata erhoben, die sich direkt auf das betrachtete Handlungsfeld (z. B. Mobilität) beziehen. Diese werden als soziokulturelle Bewertungen und damit als Lebensstilindikatoren interpretiert, die ebenso wie Einstellungen als Bestandteil handlungstheoretischer Konstrukte auf das Umweltverhalten einwirken.»[12]

Inge Schröder sagt es noch einmal für alle:

«Die Untersuchung befasst sich mit den möglichen Ursachen umweltrelevanten menschlichen Verhaltens. Handelt es sich dabei um rational geplantes Handeln oder sind auch persönliche Einstellungen, allgemeine Wertvorstellungen und Lebensstilfaktoren von Bedeutung? Dabei wurden zur Beurteilung die sogenannten alltagsästhetischen Schemata herangezogen, die es gestatten, milieutypisch unterschiedliche Stile der Erlebnisorientierung zu identifizieren. (Es gibt drei Schemata: das ‹schöngeistige› Hochkulturschema, das sich an Gewohntem orientierende Trivialschema und das auf Abwechslung und Action beruhende Spannungsschema.) Für die Erhebung wurden beispielhaft konkrete Handlungskontexte vorgegeben, die einen Bezug zum Thema Umwelt ermöglichen.»

Das unverständlichste Handwörterbuch der Welt

Als wir Inge Schröder baten, das folgende Zitat aus einem soziologischen Handwörterbuch (!) zu übersetzen, verstand sie selbst nicht so recht, was der Autor sagen will. Deshalb zog sie eine Freundin zu Hilfe, die als promovierte Soziologin an mehreren Unis tätig ist.

«Das Konzept der strukturellen Koppelung wird notwendig, da eine strukturdeterminierte Welt entgegen dem klassischen systemtheoretischen Denken die operationale Schließung von Systemen impliziert. Einfache Informationsübertragungskonzepte, die (für unabhängig vom System existierende Information) offene Systeme voraussetzen, sind damit nicht mehr anwendbar. Das Verhalten eines Systems, das strukturell an seine Umwelt gekoppelt ist, kann von dieser nicht direkt bzw. instruktiv beeinflußt werden, es sei denn, die Einwirkung hat den Zerfall des Systems zur Folge. Das System kann durch Milieuveränderungen nur angeregt (pertubiert) werden. Ob und wie das System darauf reagiert, hängt alleine von seiner inneren Struktur ab.»[13]

Hinterher erzählte *Inge Schröder*: «Nach intensiver, teilweise auch sehr heiterer Diskussion über die mögliche Bedeutung der Zeilen begannen wir, konkrete Fallbeispiele zu entwickeln.» Heraus kam schließlich dieses: «Du kannst dem Esel das Heu hinstellen, fressen muss er selber!»

Aha.

Der Mensch in völliger Abstraktion

In ihrem Politikstudium musste sich Lena Greiner auch häufiger durch Texte kämpfen, deren Inhalt die Autoren sprachlich bis zur Unkenntlichkeit überdreht hatten. So auch dieses Zitat aus einer Textsammlung aus dem Grundstudium:

> «Zweitens werde ich (in Abschnitt 2, b) die Kette der Deduktionen an Anfang an nachprüfen und darlegen, daß die psychologische Analyse der Natur des Menschen in völliger Abstraktion von der Gesellschaft beginnt (oder zu beginnen scheint), sehr bald zu einer Analyse des Menschen in einem etablierten sozialen Beziehungssystem wird; dass man gewisse soziale Annahmen machen muß, um zu begründen, warum alle Menschen in der Gesellschaft immer mehr Macht über andere erstreben (ja selbst, um das menschliche Verhalten im hypothetischen Naturzustand zu erklären), und um von da aus die Notwendigkeit eines Herrschers zu beweisen; und schließlich (in Abschnitt 3), daß die notwendigen sozialen Annahmen nur für eine spezifische Art von Gesellschaft Gültigkeit haben.»[14]

Markus Reiters Übersetzung zeigt: schöne Verpackung, trivialer Inhalt.

«Zweitens werde ich noch mal nachprüfen, ob ich auch wirklich alles richtig durchdacht und hergeleitet habe. Zuerst werde ich mir anschauen, wie der Mensch an sich so ist. Dabei stellt man alsbald fest, dass der Mensch meistens mit anderen Menschen irgendwie zurechtkommen muss. Danach lege ich dar, warum alle Menschen über andere herrschen wollen – und schon immer wollten. Das geht am besten, indem ich annehme, dass Menschen bestimmte Charaktereigenschaften haben, zum Beispiel, dass sie machtgierig sind. Logisch, dass es deshalb jemanden geben muss, der als Herrscher alles regelt. Aber Achtung, liebe Genossen, im Abschnitt 3 beweise ich, dass diese ganzen miesen Charaktereigenschaften des Menschen nur im Kapitalismus auftreten.»

Vernünftig abstrakte Universalität – oje

Es ist nicht viel, was von dieser politikwissenschaftlichen Passage übrig bleibt, wenn man die Essenz zusammenfasst.

«Dieses breite Spektrum der differenzierten Ausfaltung der Vernunft und des Rechts in der Geschichte beweist die Richtigkeit des logisch abgeleiteten Systems der allgemeinen Prinzipien des Rechts. Die vernünftig abstrakte Universalität besteht für Bodin im Normensystem des Natur- und Völkerrechts, in den Grundprinzipien des Staates und der Typologie der Staatsformen und schließlich in seiner ‹soziologischen› Theorie der Rechtsgeschichte.»[15]

Armin Himmelrath kann es kurz und knapp sagen:

«Vernunft und Logik haben sich in der Geschichte als wichtige Prinzipien in der Gesellschaft durchgesetzt. Das sieht auch Bodin so.»

Philosophen: Ich weiß, dass ich nichts verstehe

Was ist komplizierter: die Gedanken oder die Sätze von Philosophen? Wir wissen es auch nicht.

Sein, seien, Seiende. Sind wir nicht alle ein bisschen ... ja, was eigentlich?

«Geht man von der Fundamentalontologie aus, so ist man im Bereich der Unverfügbarkeit des Offenstehens. So kommt alles in den Blickbereich der Möglichkeit der Bestimmung. Damit ist die Offenbarkeit des Seins entscheidend. Alles andere, ihr Vergessen, führt zur Metaphysik, also das Anvisieren des Seins des Seienden aus dem Bereich des Seienden.»[16]

Übersetzer *Markus Reiter* hat mit dem Satz seine Probleme:

«Schwer zu sagen, was das bedeuten soll. Aber wenn in deutschen geschichtsphilosophischen Texten über das Sein und das Seiende geraunt wird, geht es immer irgendwie um Heidegger.»

Arme Philosophie-Studenten!

Schmeißen so viele Philosophie-Studenten deshalb ihr Studium hin, weil sie sich durch Passagen wie die folgende quälen müssen? Wenn zwei große Philosophen ihre Ideen gegenseitig kommentieren und sich dann ein dritter Philosoph aufschwingt, dies zu übersetzen, klingt das jedenfalls so (dieser Absatz ist nur etwas für Hartgesottene, wer sich nicht dazu zählt, liest bitte auf Seite 49 weiter):

Jürgen Habermas schreibt über Theodor W. Adorno:

«Er [Adorno] begreift die Gesellschaft als Totalität in dem streng dialektischen Sinne, der es verbietet, das Ganze organisch aufzufassen nach dem Satz: es ist mehr als die Summe der Teile; ebensowenig aber ist die Totalität eine Klasse, die sich umfangslogisch bestimmen ließe durch ein Zusammennehmen aller unter ihr befaßten Elemente. (...) Theorien sind Ordnungsschemata, die wir in einem syntaktisch verbindlichen Rahmen beliebig konstruieren. Sie erweisen sich für einen speziellen Gegenstandsbereich dann als brauchbar, wenn sich ihnen die reale Mannigfaltigkeit fügt.»

Habermas zitiert Adorno mit den Worten:

«Die gesellschaftliche Totalität führt kein Eigenleben oberhalb des von ihr Zusammengefaßten, aus dem sie selbst besteht.»

Für Karl R. Popper bedeutet dieses Zitat:

«Die Gesellschaft besteht aus gesellschaftlichen Beziehungen.»

Adorno schreibt:

«Sie produziert und reproduziert sich durch ihre einzelnen Momente hindurch.»

Popper versteht:

«Die verschiedenen Beziehungen produzieren irgendwie die Gesellschaft.»

Habermas schreibt:

«Adorno begreift die Gesellschaft in Kategorien, die ihre Herkunft aus der Logik Hegels nicht verleugnen.»

Popper meint, Habermas denke:

«Adorno verwendet eine an Hegel erinnernde Ausdrucksweise.»

Habermas schreibt:

«Sie [bestimmte Theorien] erweisen sich für einen speziellen Gegenstandsbereich dann als brauchbar, wenn sich ihnen die reale Mannigfaltigkeit fügt.»

Popper bemüht die Logik:

«Sie [die bestimmten Theorien] sind auf ein spezielles Gebiet dann anwendbar, wenn sie anwendbar sind.»[17]

In wissenschaftlichen Fragen machte es sich der österreichisch-britische Philosoph Sir Karl Popper (1902–1994) nicht so einfach, doch sprachlich schätzte er Klarheit offenbar mehr als einige seiner Kollegen. «Das grausame Spiel, Einfaches kompliziert und Triviales schwierig auszudrücken, wird leider traditionell von vielen Soziologen, Philosophen usw. als ihre legitime Aufgabe angesehen. So haben sie es gelernt, und so lehren sie es. Da kann man nichts machen», sagte er einmal. Dieses grausame Spiel zu entlarven, versuchte er mit diesen Übersetzungen trotzdem. Liegt es vielleicht daran, dass Popper gar kein Deutscher war?

Von Nicht-Ichs und Ichs

Habermas und Adorno haben ihre Sprache zu ihrem Markenzeichen gemacht. Wer etwas von den großen Sozialphilosophen lesen möchte, kommt um solche Sätze nicht herum.

«Das mit seiner Umgebung konfrontierte gesellschaftliche Subjekt verhält sich jeweils zu den vergangenen Produktions- und Reproduktionsprozessen insgesamt so wie jenes mit seinem

Nicht-Ich konfrontierte Ich zum Akt des in sich zurückgekehrten Handelns, welches als das absolute Ich durch Entgegensetzung eines Nicht-Ich sich als Ich produziert.»[18]

Armin Himmelrath hat eine Idee, was das bedeuten könnte:

«Der Mensch passt sich an seine Umgebung an.»

Freud, die Triebe und ein empirisches Seelenleben

Empirisches Seelenleben?

«Auch die Freudsche Psychologie hat einen bestimmten Begriff von Tiefe; er wird darin begründet, daß rekurriert wird auf die unbewußten Triebmodifikationen in unserem empirischen Seelenleben, während dessen Manifestationen nach außen hin Derivate sind und in einem weiten Maß sogar Verfälschungen der Triebrealität, die darunter liegt. Aus Gründen, die Freud sehr genial und sehr zwingend abgeleitet hat, wird rationalisiert, das heißt, wir kommen durch Verdrängung und alle möglichen Mechanismen dazu, jene unbewußten, ursprünglichen Triebdurchsetzungen zu vermeiden.»[19]

In den Worten von *Armin Himmelrath*:

«Schon Freud wusste: Der Mensch ist ein guter Verdränger. Unangenehmes blendet er gerne aus.»

Philosophie hat manchmal auch mit rhythmischem Tanz zu tun. Ob die Besucher von Partys der philosophischen Fakultät auch ihre Namen tanzen?

«Gestatten Sie mir noch einmal auf ein Ästhetisches zu rekurrieren; denn mich erinnert dieser kurrente Begriff der Tiefe an jene Auffassung von der Musik, die glaubt, daß eine Musik dann besonders rhythmisch sei, wenn ein Rhythmus, den man von Anfang an eingeschlagen hat, in möglichst starren, wenn auch verschobenen Modellen durchgehalten wird. Wenn aber die rhythmische Gestalt selber sich verändert, wenn also in Wirklichkeit gerade rhythmisch viel mehr sich ereignet, dann gilt diese Musik dem allgemeinen Bewußtsein als unrhythmisch oder als weniger rhythmisch.»[20]

Vince Ebert weiß, wovon Adorno spricht:

«Menschen ohne Takt- und Rhythmusgefühl sehen beim Tanzen bescheuert aus. Insbesondere dann, wenn sie selbst davon überzeugt sind, sie hätten welches.»

Linguisten, Literaturwissenschaftler und Publizisten: Buchstabenrätsel für Fortgeschrittene

Achtung, hier sind ausgewiesene Sprachexperten am Werk. Also Menschen, die sich professionell mit Sprache beschäftigen. Hm.

Verständlichkeit? Absolut überbewertet

«Alle genannten, am Konzept des Auslegers orientierten Formen des Verständlich-Machens, haben gegenüber textoptimierenden Ansätzen einen entscheidenden Vorzug: in keinem Fall findet eine reine Substitution unter Tilgung des substituierten Elements statt. Dadurch ist für den Rezipienten stets die Möglichkeit gegeben, die Verwendungsweise des unbekannten Elements, den ausgelegten Text schließlich als solchen zu verstehen zu lernen, mithin seine Kompetenz zu erweitern.»[21]

Markus Reiter übersetzt die Passage aus dem linguistischen Fachbuch «Verständlich-Machen»:

«Ein Text braucht vom Autor nicht verständlich geschrieben zu werden. Vielmehr soll sich der Leser gefälligst ein bisschen anstrengen, denn dann lernt er durch die Mühe, die er damit hat, etwas dazu.»

Ach, die Literaturwissenschaftler!

Niemals finden sie Ruhe, ständig ereifern sie sich, besser zu sein als die anderen:

«Was die im Jahr der nationalsozialistischen Machtübernahme publizierten ‹Bekennerschreiben› von Fachvertretern immer wieder als Indizien einer ‹krisenhaften› und ‹chaotischen› Situation herausstellten – die Pluralität von Wissensansprüchen, die Fraktionierung von Schulen und Richtungen und die fortlaufenden Auseinandersetzungen um Konzepte und Verfahren –, hatte als Produkt des wissenschaftlichen Modernisierungsprozesses schon frühzeitig zu Klagen geführt: Seit der Trennung von Alt- und Neugermanistik und den fortschreitenden Prozessen ihrer Binnendifferenzierung, die in der Lösung von philologischer Mikrologie und exakter Quellenkritik ihren Ausgang genommen hatte, beherrschte eine fortgesetzte Verfallsdiagnostik die Stellungnahmen zur Verfassung der deutschen Literaturwissenschaft.»[22]

Armin Himmelrath weiß, was Forscher bewegt:

«Literaturwissenschaftler haben schon immer darüber lamentiert, dass sie alleine recht haben und alle ihre Kollegen unrecht. Und besonders laut war dieses Gejammer 1933.»

Vorsicht, Binsenalarm!

«Natur-, Geistes- und Sozialwissenschaften haben recht differente Publikationskulturen. Dies rührt daher, dass die Naturwissenschaften, aufgrund ihrer engen Anbindung an gesellschaftliche Produktion, zu langfristig einheitlichen Gegenstandskonzeptionen tendieren, während diese in den Geistes- und Sozialwissenschaften nach wie vor strittig sind. Es stehen sich daher eine in die Breite und Tiefe gehende Wissensentwicklung, die idealiter die Historizität der Gegenstände und ihrer Konzeptionen, also die Fachgeschichte selbst, mit im Blick behält, und ein auf enge Innovationszonen bezogener Erkenntnisfortschritt, der auch das noch nicht Gewusste bereits als Aufgabe scharf umrissen hat, gegenüber.»[23]

Wer hätte gedacht, dass es in den Fachbereichen Unterschiede gibt? Hier besteht die Kunst darin, diesen Umstand zu verklausulieren. Idealiter, Historizität, Innovationszonen – *Armin Himmelrath* hat sich durchgekämpft:

«Jedes Fach ist anders. Bei den Naturwissenschaften wird weniger diskutiert, bei den Geistes- und Sozialwissenschaften mehr. Deshalb klingen die Texte in den verschiedenen Fächern auch unterschiedlich.»

Irgendwas mit Medien. Ja, was denn eigentlich?

«Gleich und Gleich gesellt sich gern» – das wäre für ein Buch über Medienwirkungsforschung aber nun auch wirklich zu simpel ausgedrückt. Wozu gibt es denn im Deutschen so viele Fremdwörter? Damit Herr Bonfadelli und Herr Friemel, die Verfasser dieser Passage, sie benutzen können.

«Personen tendieren dazu, interne Inkonsistenten, Dissonanzen oder Inkongruenzen zwischen Überzeugungen oder zwischen Überzeugung und Verhalten möglichst klein zu halten.»[24]

Armin Himmelrath kann das auch anders sagen:

«Menschen fühlen sich besser, wenn ihre verschiedenen Überzeugungen zueinanderpassen und sich nicht widersprechen.»

Noch mehr Plattitüden

Wer will bei solchen Sätzen noch wissen, wie Medien wirken?

«Die verbalisierte Meinung stellt dabei eine Komponente der Einstellung dar.»[25]

Armin Himmelrath übersetzt:

«Was jemand sagt, lässt Rückschlüsse auf seine Meinung zu.»

Länderkundler und Geologen:
Von Metaboliten und Walderdbeeren

Leider erfahren nur wenige Menschen vom Schicksal der religiösen und linguistischen Minderheiten in Indien. Denn nicht jeder wird sich bemühen, die ellenlangen Sätze zu Ende zu lesen.

Ja, es ist wirklich nur ein Satz

«Innerhalb einer Modernisierungsstrategie ist es schließlich unumgänglich, daß zweckgebundene Rationalitätsparameter zur Verbesserung von Lebenschancen kommuniziert werden, doch ist nicht intendiert, vorhandene Wertrationalität nach okzidentaler Maßvorgabe durch Zweckrationalität einfach zu ersetzen, sondern es sollen aus der indigenen Lebenswelt heraus eigenste Modalitäten der Entzauberung partikularistischer Traditionen zur Selbstfindung kultureller Identität erwachsen.»[26]

Markus Reiter hat keine Mühe gescheut und selbst diesen Satz übersetzt:

«Wenn sich diese Gesellschaften modernisieren sollen, müssen die Menschen erfahren, wie sie ihr Leben verbessern können, indem sie Zweck und Folgen ihres Tuns abwägen. So ist es im Westen üblich. In diesen Gesellschaften jedoch handeln die Menschen nach ihren Werten, unabhängig davon, was für Folgen das hat. Das wollen wir auch nicht ändern – oder vielleicht doch, ein bisschen jedenfalls. Die Menschen sollen nämlich irgendwie von selbst darauf kommen, dass ihre Traditionen fauler Zauber sind.»

Noch mehr unverständliche Länderkunde

Der gerade zitierte Satz scheint kein Einzelfall zu sein: Das ganze Buch ist offensichtlich furchtbar kompliziert. Der Leser versteht gar nichts mehr.

«Nach Mitter (1993) ist der Loyalitätskonflikt, in dem Staatsbürger unterschiedlicher ethnischer Herkunft und religiöser Überzeugung im Kontext der kulturellen Homogenitätsthese stehen, für demokratische Gesellschaften, in welchen die Gleichberechtigung aller ethnischen Gruppen gewährleistet ist, nur im Rekurs auf eine staatsbürgerliche Erziehung aufhebbar, die eine gemeinsame politische (säkulare) Kultur anerkennt und ethnischen Sondergruppierungen das Existenzrecht ohne Assimiliationszwang einräumt.»[27]

Armin Himmelrath fasst zusammen. Und die Botschaft ist erstaunlich überschaubar:

«Mitter sagt: In einer Demokratie sollten auch Minderheiten akzeptiert werden. Dann können alle auf ihre politische Kultur stolz sein und fühlen sich nicht bedrängt.»

Wer die Fachsprache der Geologen kennt, ist klar im Vorteil, wenn es um den Verzehr von Waldfrüchten geht

«Humin- und Fulvosäuren besitzen reaktive Gruppen, die organische Fremdstoffe bzw. deren Metabolite sorbieren. Mit steigender Verweildauer sinkt so die biologische Verfügbarkeit durch Sorption einerseits und biochemischen Abbau, Verflüchtigung und Auswaschung andererseits. Denkbar ist auch, daß organische Fremdstoffe oder deren Metabolite im Bodenhumus inkorporiert werden. Solche sorptiven, fixierten oder inkorporierten Bindungen erhöhen zwar die Persistenz organischer Gefahrstoffe im Boden, aber, je stärker die Bindung wird, desto geringer ist das Risiko derartiger ‹bound residues› hinsichtlich ihrer Mobilität in der Ökosphäre.»[28]

Vince Ebert würde in dem Wald, von dem möglicherweise die Rede ist, jedenfalls keine Erdbeeren pflücken:

«In der Regel ist es für den Waldboden nicht optimal, wenn man dort einen Ölwechsel durchführt. Ein paar Tröpfchen kann der Boden zwar einigermaßen vertragen, sind allerdings große

Mengen verschüttet worden, sollte man auf den Verzehr von Walderdbeeren verzichten, die an dieser Stelle wachsen.»

Mediziner:
Die Verschwörung des Hippokrates

Häufig müssen Ärzte schlechte Nachrichten überbringen. Dass sie Unangenehmes gern anders ausdrücken würden, ist verständlich. Aber muss anders *so* sein?

Krebszellen sind Arschlöcher

Wer könnte im Falle medizinischer Fachtexte besser erklären, um was es wirklich geht, als Eckart von Hirschhausen?

«Die maligne Transformation und die Tumorentwicklung von Zellen geht häufig mit dem Verlust oder einer Abnahme der Zell-Zell-Kommunikation aufgrund einer veränderten oder reduzierten Connexinexpression einher. Im Invasions-Assay (Grümmer et al., Placenta, in press) konnte gezeigt werden, daß Sphäroide der Chorionkarzinomzelllinien BeWo, JEG-3 und JAr ein unterschiedliches Invasionsvermögen in vorkultivierten Hühnerherzfragmenten aufweisen. Anhand dieser Zelllinien soll untersucht werden, ob zwischen dem Invasionsverhalten und der Connexinexpression ein Zusammenhang besteht.»[29]

Und nun noch mal verständlich von *Eckart von Hirschhausen*:

«Wenn Zellen entarten, hören sie teilweise oder ganz auf, sich mit anderen Zellen abzustimmen. Die Eiweißstoffe, die für die Kommunikation zuständig sind, werden nicht mehr gebildet. Eine andere Eigenschaft bösartiger Zellen ist, dass sie gesundes Gewebe befallen können. In der speziellen Versuchungsanordnung wollen wir herausfinden, ob diese beiden Eigenschaften von Tumorzellen zusammenhängen. Krebszellen sind Arschlöcher! Reden mit niemandem, wachsen, wie und wo sie wollen, und benehmen sich, als wären sie allein im Körper. Wir wüssten gerne, ob ihre Unfähigkeit, sich mit anderen abzusprechen, und ihre Fähigkeit, sich überall durchzubeißen, zwei Seiten einer Medaille sind.»

Hartes Schicksal

Was tun, wenn er stehen bleibt? So lautete der Titel dieses Textes über das Problem der Dauererektion.

«Arteriell oder venös, von diesem Befund hängt die Therapie ab, wenn die Priapismus-Ursache unklar bleibt bzw., wenn eine SKAT Dauererektion länger als sechs Stunden besteht. Handelt es sich um einen Low-Flow-Priapismus, muss man den Schwellkörper mittels Butterfly punktieren und mindestens 150 ml Blut aspirieren, bis der Penis sichtbar erschlafft. Danach wird das Glied über zehn Minuten komprimiert, um Nachblutungen zu vermeiden. Stellt sich trotz der Volumenentlastung nach einigen Minuten die Erektion wieder ein, gilt es zu prüfen, ob sich das Low-Flow-Geschehen jetzt in ein High-Flow-Geschehen verwandelt hat. In diesem Fall kommt die lokale Injektion von Antidota zum Zuge: [...] Tritt nach 30 Minuten kein Effekt ein, kann eine zweite Antidotgabe mit doppelter Dosis versucht werden – danach hilft nur noch die Shunt-Operation.»[30]

Eckart von Hirschhausen erklärt, was beim männlichen Horrorszenario zu tun ist:

«Der männliche Traum von einem Dauerständer kann nach ein paar Stunden zum Albtraum werden. Dann muss der Arzt herausfinden, ob zu viel Blut in die Schwellkörper reingeht oder zu wenig wieder raus oder beides. Dazu sticht man erst mal eine kleine Nadel zum Blutabnehmen mitten rein und drückt anschließend fest drauf, damit es nicht so blutet. Kommt die Erektion trotzdem nicht zum Erliegen, hilft als Gegengift, Verwandte des Adrenalins zu spritzen, und wenn eine halbe Stunde später immer noch nichts abschwillt, dann muss der Mann unters Messer.»

Juristen: Im Namen des Substantivs

Gleich geschafft! Aber vorher noch ein Blick in eine juristische Dissertation. Für alle, die wissen wollen, ob sie nun verpflichtet sind, für ihr Kind Unterhalt zu zahlen oder nicht.

Frauen und Blauwale

Gab es jemals eine Frau, die 349 Tage, also fast ein ganzes Jahr, schwanger war? Juristisch ist das möglich. Dabei schafft das normalerweise nur ein Blauwal.

«Danach greift die Ehelichkeitsvermutung grundsätzlich ein, wenn ein Kind innerhalb der Ehe seiner Eltern gezeugt und auch geboren worden ist. Ein Kind ist jedoch auch dann als ehelich anzusehen, wenn es zwar vor der Ehe gezeugt wurde, die Geburt aber in die Ehe fällt. Damit gilt die Vermutung der Beiwohnung und die darauf beruhende Vermutung, daß das Kind im Rahmen dieser Beiwohnung gezeugt worden ist.»

Markus Reiter erklärt:

«Wir gehen davon aus, dass ein Kind ehelich ist, wenn es von einem miteinander verheirateten Paar in der Ehe gezeugt und geboren wurde. Es ist auch dann ehelich, wenn es nur in der Ehe geboren wurde, aber davor gezeugt. Vermutlich hatten die Eltern nämlich Sex.»

Doch die Juristen sind noch nicht fertig:

«Die Empfängniszeit ist ebensowenig gesetzlich fixiert wie die Ehelichkeitsvermutung. Die Gerichte nehmen jedoch generell eine Empfängniszeit von 270 bis 280 Tagen bzw. 9 Monaten an. Die Ehelichkeitsvermutung ist jedoch nicht völlig ausgeschlossen, selbst wenn der Zeitraum zwischen Geschlechtsverkehr und Geburt erheblich länger ist. In diesen Fällen werden jedoch nied-

rigere Anforderungen an den Beweis zum Ausschluß der Vater-
schaft gestellt. So wurde eine Schwangerschaftsdauer von 349,
346, 331, 174 Tagen nicht als vollkommen unmöglich angesehen.
Demgegenüber wurde die Unmöglichkeit der Abstammung bei
einer Schwangerschaft von 188 oder 340 Tagen bejaht.»[31]

Markus Reiter über die mögliche Dauer einer Schwangerschaft:
«Dummerweise hat der Gesetzgeber nicht festgelegt, wie lange
eine Schwangerschaft dauert. Wir gehen einfach mal von neun
Monaten aus. Es gibt aber kuriose Fälle. So soll eine Schwangerschaft schon 349, 346, 331 oder 174 Tage gedauert haben. Selt-
samerweise gibt es aber auch Fälle, wo Schwangerschaften von 188
oder 340 Tagen für unmöglich gehalten wurden.»

Die Verb-Verachter

In diesem einen Satz sind neun Substantive und Substantivierungen versteckt, aber nur zwei Verben, wovon eines in eine Passiv-
konstruktion gepresst wurde.

«Eine verdeckte Lücke als Fehlen einer Einschränkung als Aus-
nahmeregelung kann später durch die teleologische Reduktion
mit Rücksicht auf den Regelungszweck und auf den Sinnzusam-
menhang des Gesetzes erfüllt werden, weil das Fehlen einer solcher Einschränkung eine Planwidrigkeit des Gesetzes in bezug
auf den gesetzgeberischen Regelungsplan bedeutet.»

Markus Reiter hat nichts gegen Verben. In seiner Übersetzung
kommt er auf acht, die auf sechs Sätze verteilt sind. Liest sich
gleich viel besser, oder?

«Bei einer verdeckten Gesetzeslücke hat der Gesetzgeber vergessen, eine Ausnahme zuzulassen. Eine solche Lücke kann man
aber schließen. Dann muss man sich überlegen: Was hat der
Gesetzgeber mit seinem lückenhaften Gesetz eigentlich gewollt?
Dabei würde man feststellen: Das Gesetz erfüllt seinen Zweck gar
nicht, wenn man die Ausnahme nicht zulässt.»

Rechtliche Entfaltungsmöglichkeiten

So, jetzt noch einmal ganz tapfer sein. Es folgt eine Passage aus einer Einführung in Zivilrecht. E-i-n-f-ü-h-r-u-n-g!

«Die Elastizität des allgemeinen Persönlichkeitsrechts hat auf der anderen Seite auch wesentliche Vorteile, wenn es um seine Begrenzung geht. Denn die persönlichen Entfaltungsinteressen einer Person können in einer freien Gesellschaft nicht in demselben Maße zu einem exklusiven Schutzbereich erhoben werden wie etwa das Recht auf körperliche Unversehrtheit oder das Eigentum. [...] Die Frage, ob sich im konkreten Fall aus der Beeinträchtigung des allgemeinen Persönlichkeitsrechts Ansprüche ergeben, hängt dann von einer Abwägung des Gewichts der widerstreitenden Rechte und Interessen ab.»[32]

Könnte man auch anders formulieren. *Armin Himmelrath*:

«Persönliche Freiheit hört da auf, wo man einen anderen beeinträchtigt – jeder muss mit dieser Einschränkung leben. Gibt's in dieser Frage Streit, müssen Richter entscheiden, welche Einschränkung noch zumutbar ist.»

Wissenschaftssprachen in anderen Ländern

Nach diesem Exkurs in die Niederungen der deutschen Bibliotheken dürfte klargeworden sein: Die deutsche Wissenschaftssprache hat es in sich. Aber wie sieht es in anderen Ländern aus? Wird dort nach deutscher Manier geschwurbelt oder ist die Literatur verständlich und zuweilen sogar unterhaltsam wie zum Beispiel in den USA? Studenten, die eine Zeit an eine Uni im Ausland gehen, werden feststellen, dass es von Land zu Land große Unterschiede gibt. Klar, erst einmal geht es darum, die Alltagssprache zu lernen, um sich mit den neuen Kommilitonen zu verständigen, die jetzt Javier, Miroslaw oder Sandrine heißen. Es dauert nicht lange, und schon bestellt der deutsche Erasmus-Student lässig Tapas in einer spanischen Bar, Blini in einem Moskauer Lokal oder Tarte au Citron in einer Pariser Brasserie. Aber wie sieht es in einer Vorlesung an den Unis in Riga, Warschau oder Stockholm aus? Wie sprechen Italiener, wenn es nicht um Pizza, Pasta und Amore geht, sondern um Kant, Photosynthese und expansive Fiskalpolitik?

Italien

Italienische Fachtexte sind wie italienische Schuhe: stilistisch ansprechender als in Deutschland. Ein Grund: Die italienische Grammatik macht Nominalkonstruktionen unmöglich. Wie im Deutschen werden auch in der italienischen Wissenschaftssprache lateinische Fachausdrücke verwendet. Der Unterschied: Die Italiener verstehen sie viel besser. Logisch, schließlich hat Italienisch – genauso wie Spanisch, Französisch, Portugiesisch, Rumänisch und sogar Okzitanisch – seinen Ursprung im Lateinischen.

Frankreich

Die Franzosen lieben, auch in der Wissenschaft, eine elegante Sprache. Anglizismen gibt es im Französischen kaum, kein Wunder, welcher Franzose spricht schon freiwillig Englisch? Stattdessen basteln sie sich lieber selbst neue Wörter: So wird aus «Software» zum Beispiel «logiciel» und «Computer» heißt «ordinateur». Insgesamt ist die französische Wissenschaftssprache für Muttersprachler erheblich verständlicher als die deutsche. Auch weil in den Geisteswissenschaften eher Verben als Nominalkonstruktionen verwendet werden und die Franzosen in den Naturwissenschaften darauf bestehen, dass bei internationalen Kongressen Vorträge ins Französische übersetzt werden.

Spanien

Spanisch ist eine der am meisten gesprochenen Sprachen der Welt. Während des Studienaufenthalts die Sprache zu lernen lohnt sich also. Spanisch ist außerdem einfach zu lesen, zu sprechen und zu schreiben. Anders als im Französischen gibt es keine Endungen, die man in der gesprochenen Sprache nicht hört. Allerdings hat Spanisch in der Wissenschaft so gut wie keine Bedeutung. Für sie gilt wie für andere romanische Sprachen auch: Lateinische Fremd-wörter sind für Muttersprachler leichter zu verstehen als für Deut-sche. Zu Schachtelsätzen und Bandwurmwörtern lädt die Sprache nicht ein. Texte sind prägnant und klar strukturiert. Für Deutsche, die Spanisch beherrschen, ist die spanische Wissenschaftslektüre oft verständlicher als die deutsche. Aber für welche Sprache gilt das nicht?

Polen

Ja, es gibt sogar Wissenschaftssprachen, die noch schlimmer sind als die deutsche: Polnisch. Passivkonstruktionen, Substantivierun-gen von Verben, abstrakte Sprache, Sätze mit mehreren Neben-sätzen, das Fehlen jeglicher bildhafter Figuren und Stilmittel – all das hat die polnische Wissenschaftssprache zu bieten. Außerdem wimmelt sie nur so von Fremdwörtern: Etwa 30 Prozent der Be-griffe sind Entlehnungen aus dem Lateinischen, Griechischen und Englischen. Wer also das nächste Mal in einer Bibliothek in Jena, Hannover oder Regensburg sitzt und über die Ausdrucksweise der deutschen Wissenschaftler flucht, sollte sich klarmachen: Es hätte schlimmer kommen können. In Warschau, Krakau oder Danzig.

Russland

Die Probleme der russischen Wissenschaftssprache ähneln denen der deutschen: lange Sätze, viele Fachbegriffe und Passiv-Formu-lierungen. Auch die Ich-Form wird vermieden. Die Argumenta-tion ist sachlich, emotional gewertet wird nicht.

Baltikum

Es gibt Länder, die Fremdwörter bewusst aus ihrer Wissenschafts-sprache verbannen. So wie Lettland und Litauen. Hier werden

Fremdwörter vermieden oder in die eigene Sprache rückübersetzt. Das hat historische Gründe: Viele Balten litten unter dem sowjetischen System, zu dem ihre Länder damals gehörten. Offizielle Sprache war Russisch. Um ihre Identität als Land zurückzugewinnen, übersetzten die Balten nach dem Zerfall der Sowjetunion 1991 alle Fremdwörter rigoros in ihre eigenen Sprachen. Doch: Für manche Fremdwörter gibt es kein baltisches Pendant, in diesen Fällen werden häufig einfach neue Wörter erfunden – und die sind dann dem Leser nicht weniger fremd.

Schweden

Die Schweden mögen es kurz und klar: Ihre Satzkonstruktionen sind übersichtlich, Substantivierungen von Verben eher selten. Häufig publizieren die Schweden allerdings gar nicht in ihrer Sprache, sondern auf Englisch. Und wenn sie beim Schwedisch bleiben, benutzen sie viele englische Begriffe, auch der Stil ist angelsächsisch geprägt. Ab und zu bleiben die Schweden ihrer Sprache jedoch mehr als treu, zum Beispiel bei einigen Begriffen, bei denen wir längst dem Englischen verfallen sind: So heißt @ in Stockholm «snabela», und Software ist «mjukvara».

Ist Rettung in Sicht?

Neben Polen scheint Deutschland eines der wenigen Länder zu sein, in denen sich Studenten mit Sprache sehr quälen müssen. Es gibt allerdings Hoffnung: Die Bereitschaft von Wissenschaftlern, sich mit fachfremdem Publikum auszutauschen, ist offenbar gestiegen. Über Science Slams – das sind wissenschaftliche Vortragsturniere –, Blogs und soziale Netzwerke suchen immer mehr Wissenschaftler den Kontakt zur Öffentlichkeit. Die Blogger kommen aus den unterschiedlichsten Fachbereichen und haben teilweise beachtliche Zugriffszahlen. Ein paar Beispiele:

Auf Scienceblogs.com schreiben Forscher aus Politik, Religion, Philosophie, Kunst und Wirtschaft über ihre Themen. Die Arbeiten der Blogger werden nicht redigiert, um ihren Stil nicht zu verändern. Das Portal zählt 2,5 Millionen Besucher im Monat. Seit 2008 gibt es den deutschen Ableger Scienceblogs.de mit etwa 30 Blogs.

Eine andere Plattform für Wissenschaftsblogs aus Geistes- und Sozialwissenschaften ist Hypotheses.org. Die Beiträge sind auf Deutsch, Englisch, Spanisch, Portugiesisch und Französisch verfasst und handeln von archäologischen Ausgrabungen, Literaturrezensionen oder Anthropologie.

Und auf dem Blogportal SciLogs.de schreiben Forscher unter anderem über Hirnforschung, Medizin und Astrologie. Auf dem Unterportal Klimalounge kommentieren und kritisieren sie zum Beispiel Zeitungsberichte über den Klimawandel.

Und selbst jene Professoren, die unter ihrer universitären Käseglocke leben und nur einmal im Jahr beim Tag der offenen Tür ihrer Uni einen Vortrag für die Außenwelt halten, müssen sich mittlerweile dann und wann dazu herablassen, mit Laien zu kommunizieren. Weil das Geld vom Bund und den Bundesländern für Forschungsprojekte nicht ausreicht, sind Hochschulen stärker als zuvor von externen Finanziers abhängig. Diese Drittmittelgeber stellen jedoch Ansprüche: Viele interessieren sich nicht allein für die Forschungsergebnisse. Sie wollen, dass die Wissenschaftler ihre Resultate anschließend einer breiten Öffentlichkeit vorstellen – damit der Geldgeber möglichst viel Beachtung und Glanz abkriegt. Manche Forschungsförderer werten eine engagierte Wissenschaftskommunikation sogar als Pluspunkt bei der Vergabe ihrer Gelder. Professoren bekommen also mehr Kohle für ihre Projekte, wenn sie verständlicher formulieren. Na dann.

Prominente Doktoren im Check:
Bluffen auch Merkel und ihre Kollegen?

Wenn Wissenschaftler zu sprachlichen Höchstformen auflaufen, dann passiert das meist in ihrem begrenzten Arbeitsumfeld: bei Konferenzen, unter Kollegen, gegenüber ihren Studenten. Außerhalb ihres akademischen Reviers kennt jedoch kaum jemand ihre Sprache und die Themen, über die sie dozieren. Wie bedauerlich! Vor allem aus der Sicht der Wissenschaftler.

Um sich trotzdem gegenüber dem Bankberater, der Nachbarin oder dem Weinhändler als besonders schlau auszuweisen, müssen Wissenschaftler aber auch nicht viele intelligente Worte verlieren. Dafür haben sie schließlich ihren Doktortitel. Er ist der Ausweis für einen herausgehobenen gesellschaftlichen Status. Wer einen Doktortitel trägt, muss was drauf und den meisten anderen etwas voraushaben, denken viele. Um die 25 000 Promotionen werden pro Jahr in Deutschland abgeschlossen, und die Zahl der Doktoranden steigt. Einige brauchen den Titel für ihre weitere berufliche Laufbahn oder sehen ihn hauptsächlich als Karriere- und Gehaltsbeschleuniger. Tatsächlich: Ein Doktortitel verhilft zu durchschnittlich 20 Prozent mehr Gehalt. Für andere ist er vor allem ein lebenslanger Schmuck.

Solche Statusgeier tragen ihren Titel gern wie eine Monstranz vor sich her, fast so, als wäre er das Bundesverdienstkreuz: Sie gravieren ihn auf ihr Klingelschild, melden sich mit ihm am Telefon und lassen ihn in ihren Ausweis eintragen. Dies ist übrigens eine Besonderheit: Nur in Deutschland, Österreich und Tschechien ist es erlaubt, den Doktortitel in Pass oder Personalausweis zu erwähnen. Überdies führt diese Marotte im Ausland eher zu Verwirrungen an Flughäfen: Ist «Dr.» der Vorname oder ein Zusatz vom Nachnamen?

Die Grünen wollten kürzlich ein für alle Mal Abhilfe in Sachen Titel- und Namensverwirrung schaffen und die Titelerwähnung im Ausweis verbieten, auch SPD und die Linke waren dafür. Doch das Vorhaben scheiterte im Frühjahr 2013 im Bundestag – an den Stimmen der CDU und FDP. Ist deren Ablehnung nur ein komischer Zufall, wo doch gerade in Unionskreisen Doktortitel zum guten Ton gehören?

Während der Titel lebenslang für Ansehen und Respekt sorgt, wird das Thema der Dissertation schnell nebensächlich. Besonders bei Politikern ist das so, denn der Inhalt ihrer Doktorarbeiten hat selten etwas mit ihrer politischen Arbeit zu tun. Wer weiß schon, dass der CSU-Politiker Edmund Stoiber seine Dissertation über Hausfriedensbruch geschrieben hat? Dass Kanzlerin Angela Merkel Zufallsreaktionen untersucht hat? Dass sich Joseph Ratzinger, der emeritierte Papst Benedikt XVI., in seiner Arbeit mit Augustins Lehre beschäftigt hat und der Grünen-Politiker Anton Hofreiter mit einer klimmenden Kletterpflanze?

Wir wollten wissen: Sind auch diejenigen, die heute Spitzenposten in Deutschland besetzen, einst dem Fachjargon verfallen? Beziehungsweise umgekehrt: Erkennt man Stoibers wirren Sprachfluss bereits in seiner Dissertation? Und schreibt Merkel so unkonkret, wie sie spricht? Dafür haben wir die Doktorarbeiten von sechs Prominenten untersucht: Neben denen von Merkel, Ratzinger, Stoiber und Hofreiter waren auch die von «Die Linke»-Politiker Gregor Gysi und CSU-Politiker Peter Ramsauer dabei.

Sind ihre Arbeiten lesbar oder braucht man einen Dolmetscher? Geholfen hat uns bei dieser Frage der Kommunikationswissenschaftler Frank Brettschneider von der Universität Hohenheim, der jeden Monat untersucht, wie verständlich Parteien mit den Besuchern ihrer Webauftritte kommunizieren. Dafür benutzt er eine spezielle Software, die mehr als 70 Verständlichkeitsmerkmale untersucht. Dazu gehören die Satzlänge, die Wortlänge oder der Anteil von Fremdwörtern, die in einem Text vorkommen. Daraus wird ein Index errechnet, den Brettschneider den Hohenheimer Verständlichkeitsindex (HIX) nennt. Er reicht von 0 (überhaupt nicht verständlich) bis 20 (maximal verständlich). Übrigens: Politikwissenschaftliche Doktorarbeiten landen im Schnitt bei 4,3. Politikartikel der «Bild»-Zeitung bei 16,8.

Brettschneider hat auch für dieses Buch seine Software bemüht und die Doktorarbeiten der sechs Prominenten durch den Computer geschickt. Allerdings bezieht sich der Index nur auf ganz bestimmte Verständlichkeitsmerkmale und sagt nichts über den Sinn oder Wahrheitsgehalt eines Textes aus. Der Satz «Die Erde ist eine Scheibe» ist zum Beispiel nach Brettschneiders Kriterien völlig verständlich – inhaltlich ist er natürlich Quatsch. Die Software vergleicht und bewertet lediglich die objektive Verständlichkeit von Texten. Sie gibt übrigens keine Hinweise darauf, ob eine Arbeit ein Plagiat sein könnte. Hilfreich wäre es, wurde doch in letzter Zeit einigen Politikern vorgeworfen, in ihren Arbeiten abgeschrieben zu haben.

Auch die Übersetzer Armin Himmelrath, Markus Reiter und Inge Schröder (s. Seite 34 ff.) haben sich die Prominenz vorgeknöpft und gnadenlos einige ausgewählte Passagen übersetzt. Wer wissen möchte, ob er selbst einen verständlichen Text geschrieben oder nur Worthülsen produziert hat, kann das übrigens auf der Website www.blablameter.de überprüfen.

Gestammelte Werke – Stoibers und Ramsauers Phrasenfabrik

Die beiden Politiker Edmund Stoiber und Peter Ramsauer haben einiges gemeinsam: Beide sind Mitglieder der CSU, haben in München studiert und sind Inhaber eines Doktortitels. Und beide haben einen Hang zur – nun ja – verquasten Sprache.

Edmund Stoiber

Wer den CSU-Politiker Edmund Stoiber schon einmal reden gehört hat, weiß: Sprache is net so wirklich seins. «Wenn heute eine Familie ein Kind bekommt, eine Frau mit ihrem Mann oder umgekehrt [...]», rief er zum Beispiel bei einer Veranstaltung seinem Publikum zu.

Legendär ist auch seine Rede auf einem Neujahrsempfang in München Anfang 2002, bei der er die kurze Anreise zum Münchner Flughafen mit dem Transrapid anpries. Er verirrte sich sprachlich so sehr, dass er schließlich sagte: «Sie steigen in den Hauptbahnhof ein.»

Stoiber war 14 Jahre lang, von 1993 bis 2007, Ministerpräsident von Bayern. Zwischendurch wollte er auch mal Bundeskanzler werden, unterlag aber 2002 Gerhard Schröder. Seit 2007 ist der 1941 geborene Politiker nun ehrenamtlicher Leiter einer EU-Arbeitsgruppe zum Bürokratieabbau. Vor seiner politischen Laufbahn hat Stoiber Politikwissenschaft und Jura studiert. 1971 promovierte er an der Uni Regensburg. Der Titel seiner Arbeit klingt zunächst unauffällig: «Der Hausfriedensbruch im Lichte aktueller Probleme». Doch beim Lesen fällt auf: Es ist ein echter Stoiber.

So klingt der Sound von Edmund Stoibers Doktorarbeit

«Daran schließt sich der tatbestandliche Schutz des Rechtsgutes in Kapitel B an, worin u. a. die ‹geistige Barriere›, insbesondere auch die Einwilligungsproblematik und die Widerrechtlichkeit unter besonderer Berücksichtigung des widerrechtlichen und des berechtigten Zweckes des Eindringens untersucht wird sowie die Problematik der Verwirklichung der ‹bösen› Absicht und des nachträglichen Wegfalles eines Rechtfertigungs- und Schuldausschließungsgrundes bzw. eines nachträglich gefaßten Vorsatzes vor Beendigung der objektiven Hfbs-Handlung.» (Anmerkung: Hfb: Hausfriedensbruch)

Armin Himmelrath hatte Schwierigkeiten mit der Passage:

«Ich musste den Absatz fünfmal lesen, bevor ich ihn verstanden habe», sagte er hinterher. Sein Vorschlag: «In Kapitel B geht es um die Frage, wann man von Hausfriedensbruch sprechen kann – und um mögliche Ausreden, wenn man erwischt wird.»

Der Doktoren-Check im Detail

Stoibers Doktorarbeit ist ziemlich unverständlich. Der Verständlichkeitsindex (HIX) beträgt 3,35. Was Stoibers Hausarbeit einen so schlechten Index verschafft, dürften die sehr langen Sätze sein: Mehr als die Hälfte von ihnen hat Brettschneiders Software zufolge mehr als 20 Wörter. Zudem benutzt Stoiber sehr viele Fremdwörter und Fachbegriffe. Eines aber wird bei der Lektüre der Arbeit deutlich: Stoiber hat die Arbeit garantiert selbst verfasst. Wer würde sonst Ausdrücke benutzen wie «die Einwilligung ist damit Tatbestandsmerkmal mit negativem Vorzeichen»? Stoiber spricht und schreibt, wie ihm seine Synapsen gewachsen sind. Oder anders ausgedrückt: Er äußert sich unglaublich verständlich – mit negativem Vorzeichen.

Peter Ramsauer

Der ehemalige Verkehrsminister Peter Ramsauer promovierte 1985 zu dem Thema «Wirtschaftliche Ziele und Effekte der Gebietsreform in Bayern». In seiner Arbeit geht es um langweilige Dinge wie Funktionalreformen, Kreisreformen und Gebietsreformen. Vielleicht wird man durch eine solche Arbeit besonders leidensfähig. Jedenfalls hatte Ramsauer als Verkehrsminister einen Job, der alles andere als attraktiv ist: Er war so etwas wie der oberste Pannenverwalter der Bundesrepublik Deutschland und kümmerte sich um die ständig unpünktliche Deutsche Bahn mit ihren muffeligen Schaffnern, den großen Flughafen in Berlin, der niemals fertig wird, und den Tiefbahnhof in Stuttgart. Auch besoffene Radfahrer fielen in seinen Kompetenzbereich – für sie wollte er eine schärfere Promillegrenze durchsetzen. Auch bei den Radfahrern hatte er sich also unbeliebt gemacht.

Dabei hat Ramsauer eigentlich mal etwas Ordentliches gelernt: Während seines Studiums der Betriebswirtschaftslehre an der Ludwig-Maximilians-Universität in München machte er nach alter Familientradition eine Lehre zum Müller und legte in dem Handwerk auch die Meisterprüfung ab. Heute ist der 1954 geborene CSU-Politiker Inhaber des Elektrizitätswerkes Ramsauer Talmühle.

So klingt der Sound von Peter Ramsauers Doktorarbeit

«Konkurrierende, komplementäre und indifferente Zielbeziehungen können sich – vorbehaltlich der folgenden Überprüfung – prinzipiell innerhalb der wirtschaftlich relevanten einerseits und weiteren Zielen andererseits und innerhalb der weiteren Ziele ergeben. Letztere sollen hier nicht Gegenstand der Betrachtungen sein. In den beiden ersten Fällen werden der Systematik wegen in der folgenden Abhandlung der Zielbeziehungen stets zunächst Beziehungen *innerhalb* der wirtschaftlich relevanten Ziele und hernach *zwischen* diesen einerseits und den weiteren Zielen andererseits behandelt.»

Sprachexperte und Journalist *Markus Reiter* analysiert im Detail, warum Ramsauers Worte beim Leser nicht ankommen:

«Das viele ‹einerseits – andererseits› überfordert jedes Arbeitsgedächtnis. Die einzelnen Teile lassen sich nicht mehr auseinanderhalten, und der Leser versteht nicht, was wozu gehört. Es kommt in solchen Fällen darauf an, die unübersichtlichen Sätze aufzulösen. Jedem Gedanken sollte der Autor einen Hauptsatz gönnen. Sonst überfordert er das Arbeitsgedächtnis seiner Leser.»

Ein weiteres Bonmot aus Ramsauers Phrasenfabrik

«Eine verbesserte Auslastung von Kapazitäten kommunaler Einrichtungen rechtfertigt die Vermutung, dass sich infolgedessen Degressionseffekte bei den Kosten für den Betrieb dieser Einrichtungen ergeben und somit Nutzen gestiftet wird.»

Die Biologin und Anthropologin *Inge Schröder* erklärt, was Ramsauer eigentlich sagen wollte:

«Eine verbesserte Auslastung von Kapazitäten kommunaler Einrichtungen ist sinnvoll, denn sie führt zu sinkenden Kosten beim Betrieb dieser Einrichtungen.»

War eigentlich klar, oder?

Der Doktoren-Check im Detail

Ramsauers Arbeit ist ziemlich unverständlich. Der HIX zeigt nur 2,25 an. Das ist ein schlechtes Zeugnis für einen Politiker, dessen Worte verstanden werden sollten. Selbst Angela Merkels Promotion über «Zufallsreaktionen mit einfachem Bindungsbruch» ist besser zu verstehen als diese über die bayerische Gebietsreform. Der Grund: Raumsauer kann Bandwurmsätze basteln, die dem Leser Schwindel bereiten. Fast die Hälfte von Ramsauers Sätzen hat mehr als 20 Wörter. Und fast die Hälfte der Sätze beinhaltet mehr als zwei Gedanken. 42 Prozent der Wörter haben mehr als sechs Buchstaben. Außerdem benutzt Ramsauer viele Fremdwörter und Fachbegriffe.

Jenseits von Eden – Ratzinger und Gysi im Wirklichkeitscheck

Auch wenn es auf den ersten Blick nicht so scheint, so gibt es doch ein verbindendes Element zwischen Joseph Ratzinger, dem Papst im Ruhestand, und «Die Linke»-Politiker Gregor Gysi. Die Sprache in ihren Doktorarbeiten ist einfach nicht von dieser Welt.

Joseph Ratzinger

Im April 2005 wurde bekannt, dass der deutsche Kardinal Joseph Ratzinger zum Papst gewählt wurde – der erste Deutsche in diesem Amt seit fast 500 Jahren. Der Jubel war groß, doch im Februar 2013 trat der 1927 geborene Ratzinger aus Altersgründen freiwillig vom Amt des Papstes zurück. Eine kurze Zeit für einen Papst, Ratzingers Vorgänger Johannes Paul II. hielt immerhin mehr als 25 Jahre durch. Vor seiner Karriere in der katholischen Kirche hatte Ratzinger bereits eine beachtliche akademische Laufbahn hingelegt. Er studierte zunächst katholische Theologie und Philosophie in Freising und später an der Ludwig-Maximilians-Universität München. Eine Preisausschreibung veranlasste ihn, die Studie «Volk und Haus Gottes in Augustins Lehre von der Kirche» zu verfassen. Mit der Schrift gewann Ratzinger den Fakultätspreis, 1953 wurde er mit dieser Arbeit promoviert. Wenige Jahre später habilitierte sich Ratzinger und wurde 1958, mit 31 Jahren, Professor. Es folgten Lehrstühle an verschiedenen Universitäten. Die Leser seiner wissenschaftlichen Schriften haben es allerdings nicht leicht. Doch selig sind die geistig Armen. Amen.

So klingt der Sound von Joseph Ratzingers Doktorarbeit

«Es ist die Befähigung zu je höherem Schauen: Damit verbindet sich die neuplatonische Idee von der Rückkehr des Menschen durch die Emanationsreihe hindurch wieder hinauf zu jenem Ur-Einen, von dem er ausgegangen ist. Es handelt sich dabei um einen kosmischen Aufstieg durch je geistigere Sphären, d. h. also um einen Seinsvorgang, der ein stufenweises Abstreifen der sinnenhaften Umkleidungen einschließt bis zum Einswerden mit dem Ur-Einen. Dieser Seinsaufstieg ist nun aber identisch mit dem eben geschilderten Erkenntnisaufstieg. Die Erkenntnisreinigung umgekehrt ist demnach identisch mit der seinshaften Reinigung, d. i. mit dem Freiwerden von den Schlacken des vereinzelnden Sinnen-Seins.»

Sprachexperte *Markus Reiter* findet die Passage nicht besonders verständlich:

«Dieser Auszug zeigt, was die deutschen Philosophen, vor allem Hegel und Heidegger, mit der deutschen Sprache angestellt haben. Es wabert nur so vom Sein- und Seinshaften. Diese Sprache ist ein leeres Gefäß, in das jeder eingeben kann, was er später wieder herausgießen möchte. Wer könnte auch Formulierungen wie ‹Die Erkenntnisreinigung umgekehrt ist demnach identisch mit der seinshaften Reinigung› oder dem ‹stufenweisen Abstreifen der sinnhaften Umkleidungen bis zum Einswerden mit dem Ur-Einen› irgendeinen vernünftigen Widerspruch entgegensetzen?»

Der Doktoren-Check im Detail

Ratzinger ist der König der langen Schachtelsätze, fast jeder zweite Satz enthält mehr als einen Gedanken. Außerdem benutzt Ratzinger viele Fremdwörter. Dabei wurden für den HIX die vielen lateinischen Begriffe und Sätze, die er benutzt, gar nicht mitgezählt. Die Wissenschaftlerin und Hobbykabarettistin Inge Schröder findet: «Der hat ja einen guten Draht nach oben, doch schreiben kann er nicht.»

Erstaunlicherweise schneidet der emeritierte Papst in Sachen Verständlichkeit dem Index zufolge ziemlich gut ab. Zwar ist er mit 12 noch nicht ganz auf «Bild»-Zeitungs-Niveau (16,8), aber schon nah dran – wohl nur Gott weiß, warum.

Gregor Gysi

Seit 2005 ist Gregor Gysi Fraktionsvorsitzender der Partei «Die Linke» im Bundestag. Er wurde 1948 in Berlin geboren. Ab 1962 machte er eine Ausbildung zum Facharbeiter für Rinderzucht; später studierte er Jura und arbeitete als Rechtsanwalt in der DDR. Seine Doktorarbeit trägt den Titel «Zur Vervollkommnung des sozialistischen Rechtes im Rechtsverwirklichungsprozess», und natürlich wimmelt es in der Arbeit vor sozialistischer Ideologie. Das häufigste Wort darin lautet «sozialistisch», so wie es sich für einen DDR-Bürger gehört. In dem Literaturverzeichnis finden kommunistische Größen wie Karl Marx, Friedrich Engels und Wladimir Lenin ihren Platz. Zu DDR-Zeiten war Gregor Gysi Mitglied der Sozialistischen Einheitspartei Deutschlands (SED), nach der Wende wurde er zunächst Vorsitzender der Nachfolgepartei PDS. 2007 verschmolz die Partei mit der WASG zur Partei «Die Linke».

So klingt der Sound von Gregor Gysis Doktorarbeit

«Die Auslegung der Normen durch die Richter ist in der sozialistischen Gesellschaft nicht willkürlich, sondern eine bewußte Entscheidung im Sinne der objektiven Gesetzmäßigkeiten. Soweit insofern Mängel auftreten, können die Entscheidungen der Gerichte von höheren Gerichten revidiert werden.»

Markus Reiter hat die Passage in Gysis Arbeit «zugespitzt» ausgelegt, wie er selbst sagt:

«Die sozialistische Gesellschaft – und damit unsere schöne DDR – ist kein Unrechtsstaat. Die Richter entscheiden nicht willkürlich. Nein, denn wie wir alle wissen und im Politikunterricht gelernt haben, schreitet die Geschichte nach objektiven Gesetzen voran, die Karl Marx klar erkannt hat. Unsere Richter entscheiden also nur, was die Geschichte gewollt hat. Sollte dennoch mal was schieflaufen, gibt es ja noch höhere Gerichte. Und die kennen die objektiven Gesetzmäßigkeiten der Geschichte ganz bestimmt.»

Der Doktoren-Check im Detail

So klar und deutlich Gysi in der Öffentlichkeit spricht: Sein rhetorisches Talent zeigt sich in seiner Doktorarbeit nicht. Gysi kommt beim Hohenheimer Verständlichkeitsindex auf schlappe 1,85 Punkte. Das ist der schlechteste Wert im Vergleich zu allen hier dargestellten Arbeiten. Und das, obwohl Gregor Gysi der Eloquenteste von allen ist (o.k., Stoiber ist dafür etwas unterhaltsamer). Brettschneider führt den Wert auf die vielen Schachtel-sätze zurück. Über die Hälfte der Sätze enthalten mehr als zwei Gedanken und sind länger als 20 Wörter. Allerdings ist daran nicht immer nur Gysi selbst schuld: Er zitiert häufig komplizierte Formulierungen aus Parteitagsbeschlüssen. Wir wissen jedenfalls: Gysi kann auch anders. Mündlich zumindest.

Jenseits von Gut und Böse – was nur Merkel und Hofreiter verstehen

Was haben Zufallsreaktionen mit einfachem Bindungsbruch und eine krautige Blume gemeinsam? Beide eignen sich für eine naturwissenschaftliche Untersuchung. Das erste Phänomen hat Bundeskanzlerin Angela Merkel in ihrer Doktorarbeit untersucht. Und Grünen-Politiker Anton Hofreiter hat sich in seiner Disser-tation mit einer Blume namens Bomarea beschäftigt. Um sie zu beschreiben, benutzen beide eine Fachsprache, die Außenstehen-de nicht verstehen – davon abgesehen sind die beiden Arbeiten jedoch sehr verschieden. So wie die beiden Autoren.

Angela Merkel

Kurz vor der Bundestagswahl 2013 wurde Kanzlerin Angela Merkel in der «Bild»-Zeitung von Eckart von Hirschhausen gefragt, von wem sie gerne gelobt werden würde. Ihre Antwort: «Von einem Kind dafür, dass ich verständlich spreche.» Dass das geschieht, ist jedoch eher unwahrscheinlich, wird Merkel doch vor allem attes-tiert, unkonkret, ausweichend und einschläfernd zu reden. Eine ihrer Bundestagsreden auf Tonband würde eher als Einschlafhilfe für zu wachen Nachwuchs taugen. Von ihrer Doktorarbeit sollten Kinder jedoch die Finger lassen, es sei denn, sie haben mit zwölf Jahren schon ein Physikstudium hinter sich.

Dabei muss man allerdings einräumen: Die Sprache der Physik ist für jeden Außenstehenden eine Fremdsprache. Wenn man von den fachspezifischen Begriffen absieht, ist Merkels Arbeit sogar erstaunlich schlicht und in kurzen Sätzen formuliert. «Die Naturwissenschaften waren meine Sache, auch weil sich die DDR-Führung in Naturgesetze wenig einmischen konnte», sagt Merkel, die 1954 geboren wurde und mit 19 Jahren ihr Physikstudium in Leipzig begann. Anschließend arbeitete sie am Zentralinstitut für Physikalische Chemie der Akademie der Wissenschaften in Berlin, wo sie 1986 auch ihren Doktor machte. Im Rückblick sagt die CDU-Politikerin: «Das war harte Arbeit, aber auch eine schöne Zeit.» Ihre Dissertation trägt den sperrigen Titel: «Untersuchung des Mechanismus von Zufallsreaktionen mit einfachem Bindungsbruch und Berechnung ihrer Geschwindigkeitskonstanten auf der Grundlage quantenchemischer und statistischer Methoden». Man ahnt es schon: Der Leser dieser Arbeit muss sehr tapfer sein.

So klingt der Sound von Angela Merkels Doktorarbeit

«Für die Berechnung von Geschwindigkeitskonstanten unter ausschließlicher Verwendung von Resultaten quantenchemischer Ab-initio-Rechnungen werden zumeist Informationen über größere Ausschnitte der Potentialhyperfläche benötigt, die in unterschiedlicher Weise die resultierenden Geschwindigkeitskonstanten beeinflussen.»

Der Doktoren-Check im Detail

Merkels Doktorarbeit liegt in Sachen Verständlichkeit im Mittelfeld. Der Verständlichkeitsindex (HIX) misst bei ihr einen Wert von 4,35. Politikwissenschaftliche Doktorarbeiten liegen in der Regel bei 4,3. Für eine Dissertation in Physik ist das also wahrscheinlich gar nicht schlecht. Ihren guten Wert bekommt Merkel unter anderem, weil nur 36 Prozent ihrer Sätze mehr als 20 Wörter haben und nur 37 Prozent der Wörter länger sind als sechs Buchstaben. Punktabzug gibt es für die vielen Fremdwörter und Fachbegriffe, die in einer naturwissenschaftlichen Doktorarbeit aber normal sind. Der HIX unterscheidet eben nicht, ob es um Politik, Physik oder das Wetter geht.

Da man bei Merkels Arbeit als Nichtphysiker so gut wie überhaupt nichts versteht, haben wir aus ein paar Seiten ihrer Dissertation eine Wordcloud erstellt. Sie zeigt anhand der Größe des dargestellten Wortes, wie häufig es in der Arbeit benutzt wird. Bei Merkel war das mit Abstand häufigste Wort «Geschwindigkeitskonstanten». Bezeichnend, auch für ihren Regierungsstil. Hält doch Merkel konstant eine niedrige Geschwindigkeit, die Kritiker sogar als Stillstand bezeichnen. Merkel selbst erklärt ihr eigenes Zögern so: «Ich handle nicht erst und denke dann. Ich mache das umgekehrt.»

Anton Hofreiter

Bis Anton Hofreiter im Oktober 2013 zum Vorsitzenden der Grünenfraktion im Bundestag gewählt wurde, kannte kaum jemand den 1970 in München geborenen Bayern. Seit 2005 ist der «Toni», wie er sich rufen lässt, Mitglied des Bundestages und war dort Verkehrsexperte. Der langhaarige Anzugträger mit Vollbart sieht nicht nur aus wie ein Ur-Grüner, er ist es auch. Hofreiter studierte Biologie in München, seine Doktorarbeit schrieb er über Pflanzen, genauer gesagt über ein krautiges Gewächs namens Bomarea, das in Lateinamerika zu Hause ist. Der volle Titel der Arbeit lautet: «Die infragenerische Gliederung der Gattung *Bomarea* Mirb. und die Revision der Untergattungen *Sphaerine* (Herb.) Baker und *Wichuraea* (M. Roemer) Baker (Alstroemeriaceae)». Wer sich mit solch klimmenden Kletterpflanzen auskennt, dem traut man auch die Energiewende zu, und so setzen viele große Erwartungen auf den Toni aus Bayern.

Außerdem hat Hofreiter in seiner Zeit als Tropenbotaniker gezeigt, dass er kein Waschlappen ist: Eineinhalb Tage schleppte er sich mit gebrochenem Knöchel und kaputtem Wadenbein durch den peruanischen Regenwald, nachdem er sich während einer Forschungsreise verletzt hatte.

So klingt der Sound von Toni Hofreiters Doktorarbeit

«Das Perigon ist heterotepal, die inneren Tepalen sind weitaus variabler in Bezug auf ihre Form als die äußeren.»

Inge Schröder, die das Fachgebiet der Pflanzensystematik, um die es hier geht, schon während ihres Studiums als überaus öde empfunden hat, erklärt, was Toni Hofreiter sagen will:

«Die Blütenhülle besteht aus Blütenblättern, bei denen Kron- und Kelchblätter nicht unterschieden werden können, allerdings sind die inneren Blätter in der Form variabler als die äußeren.»

Um Toni Hofreiter nicht für völlig sonderbar zu halten, muss man wissen: Die Pflanzensystematik dient der Klassifikation von Pflanzen. Deshalb müssen Gemeinsamkeiten und Unterschiede akribisch beschrieben werden. Der Toni kann also nicht anders. Die Sprache, die er dafür verwendet, dient lediglich der Kommunikation zwischen Experten. Sie enthält extrem viele, kaum verständliche Fachbegriffe. Auch deutschsprachige Beschreibungen, sofern sie verfügbar sind, klingen skurril und für den Laien merkwürdig. So gibt es in der Pflanzensystematik Begriffe wie «wirtelig», «pfriemlich», «doppelschraubelig» oder «fächelig». Und in diesem Stil geht es auch in Toni Hofreiters Arbeit eigentümlich weiter:

«Die ‹typische› Bomarea ist windend, mit einem dicken, knotigen Rhizom, die Speicherwurzeln sind knollenförmig und stehen stark abgesetzt distal an fibrösen Wurzeln, die Blüten röhrenförmig, aktinomorph und hängend, die Tepalen sind innerhalb eines Kreises einander gleich, die Blätter sind zur Basis hin verschmälert, resupiniert, indem sich der kurze Blattstiel dreht, die Frucht ist eine ledrige Kapsel, die Samen haben eine rote, süße und fleischige Sarcotesta, und die Samen werden von Vögeln verbreitet.»

Oft malen Forscher Pflanzen auch einfach auf, das fällt ihnen offenbar leichter, als sie mit Worten zu beschreiben. Auch Toni Hofreiters Arbeit enthält viele bunte Zeichnungen.

Der Doktoren-Check im Detail

Wer sich die Dissertation von Toni Hofreiter antut und keine Kenntnisse in Biologie hat, versteht sicherlich kaum ein Wort. Logisch, schließlich strotzt das Fachgebiet der Pflanzensystematik nur so vor unverständlichen Fachbegriffen. Die Pflanze, über die der Toni schreibt, heißt nun mal «Bomarea» und hat ein knotiges «Rhizom». Dennoch ist die Doktorarbeit nach Brettschneiders Index überraschenderweise ziemlich verständlich. 10,9 zeigt das HIX-Barometer an. Das ist nah dran am emeritierten Papst (HIX: 12). Hofreiter erreicht diesen Wert, weil er viele kurze Sätze benutzt. Einige sind sogar derart verkümmert, dass sie nicht einmal ein Verb haben. Nur 15 Prozent der Sätze haben mehr als 20 Wörter. Und nur ein Drittel der Sätze haben mehr als einen Gedanken. Hier wird deutlich: Der Verständlichkeitsindex hat seine Grenzen. Er kann bei Hofreiters Arbeit noch so gut ausgefallen sein: Der Nichtbiologe versteht trotzdem nicht viel.

Bluff oder Klartext? Das Ergebnis

Die promovierte Anthropologin und Hobby-Kabarettistin Inge Schröder sagte, nachdem sie einige Passagen der Prominenten-Dissertationen übersetzt hatte, diese seien erschreckend und amüsant zugleich gewesen. Viele Zitate fand sie sinnentleert, wie zum Beispiel die von Ratzinger. Bei Stoiber und Ramsauer entdeckte sie zwar inhaltliche Aussagen, diese seien aber schlecht formuliert gewesen.

Die Ergebnisse des Hohenheimer Verständlichkeitsindex sind teilweise überraschend: Toni Hofreiter etwa, der über eine krautige

Blume schreibt und dabei viele Abbildungen zeigt, schneidet besser ab als alle anderen Politiker – allerdings schlechter als Ratzinger, der Papst im Ruhestand. Und Merkel steht mit ihrer Physik-Doktorarbeit über «Zerfallsreaktionen mit einfachem Bindungsbruch» besser da als Stoiber, der in Jura über das Thema Hausfriedensbruch promovierte. Die Arbeit von Ramsauer ist sogar noch kryptischer. Den Rekord in absoluter Unverständlichkeit stellt allerdings Gysi auf.

Das Fazit dieser kleinen Untersuchung: Ja, auch Spitzenpolitiker und Kirchenoberhäupter sind an der Universität dem Fachjargon verfallen, auch sie überdrehen Sprache bis zur Unkenntlichkeit der Inhalte. In einigen Passagen erkennt man den Politiker von heute wieder, wie zum Beispiel Stoibers verworrenen Duktus. Vieles ist unverständlich und hochtrabend. Berühmt und erfolgreich sind sie trotzdem geworden. Vielleicht auch, weil man sie nicht immer versteht. Und klar, dazu gehört ab und zu auch ein Bluff: Insbesondere Politiker lernen in ihrem Berufsalltag, wie sie einer unangenehmen Frage am besten ausweichen – nämlich indem sie sich wortreich und kompliziert, letztlich aber informationsleer ausdrücken.

Von wem stammt der Satz ...? Das Quiz

Wer erkennt den Sound der Doktoranden von einst wieder? Hier kommen Zitate von Ratzinger, Merkel, Stoiber, Hofreiter, Gysi und Ramsauer. Doch: Wer von denen hat's geschrieben?

1. «Da es sich um typologische Entsprechungen zu einem sinnenhaften Vorbild handelt, haben wir es hier, beim andern Korrelat, mit pneumatischen Wirklichkeiten zu tun.»
Was wohl eine «pneumatische Wirklichkeit» sein soll? Hat das irgendwas mit Luft zu tun? Kann man die Wirklichkeit aufbla-

sen? Welcher Prominente hat bei diesem Auszug die sprachliche Luftpumpe angesetzt?

   a) Gregor Gysi

   b) Joseph Ratzinger

   c) Angela Merkel

Antwort: b). Das Wort «Pneumatik» stammt übrigens aus dem Griechischen und bedeutet neben «Wind» auch «Geist» und «Atem».

2. Wenn der folgende Satz nicht deutsche Wörter wie «mit», «einer» und «flach» beinhalten würde – man wüsste nicht, welche Sprache hier gesprochen wird. Aber: Ist es die Sprache der Biologie (das würde für Toni Hofreiter sprechen), der Physik (Hinweis auf Angela Merkel) oder ist es gar eine abgehobene philosophische Phrase (dann könnte der emeritierte Papst am Werk gewesen sein)?

«Unguiculate innere Tepalen mit einer canaliculaten Basis, spatulate Tepalen mit einer flachen Basis.»

Stammt dieser Satz von:

   a) Angela Merkel

   b) Toni Hofreiter

   c) Joseph Ratzinger

Antwort: b). Es ist die Sprache der Biologie. Anton Hofreiter beschreibt vermutlich das Aussehen einer Blume.

3. **«Zwei Beiträge müssen besonders hervorgehoben werden, da sie wegen ihres jeweiligen Titels zunächst den Eindruck einer vermeintlichen Ähnlichkeit mit der vorliegenden Arbeit erwecken könnten.»**

Wir hören heraus: «Ich habe nicht abgeschrieben, auch wenn es so aussehen könnte.» Hat der Autor etwa Angst, er könnte eines Plagiats bezichtigt werden? Ähnlichkeiten mit real existierenden Büchern sind rein zufällig? Wer zieht sich hier aus der Affäre?

   a) Peter Ramsauer
   b) Gregor Gysi
   c) Anton Hofreiter

Antwort: a). Bei ihm haben die Plagiatsjäger übrigens nichts gefunden.

4. «Die Einwilligung ist damit Tatbestandsmerkmal mit negativem Vorzeichen, oder anders ausgedrückt, die Nichteinwilligung ist Tatbestandsmerkmal.»

Sehr kompliziert ausgedrückt. Der Satz ist ungefähr so, als würde man sagen: Dass die Erde eine Scheibe ist, ist die Wahrheit mit negativem Vorzeichen. Dass die Erde keine Scheibe ist, ist korrekt. Warum nicht gleich: Die Erde ist eine Kugel?

Schon erraten, wer es geschrieben hat?

   a) Peter Ramsauer
   b) Edmund Stoiber
   c) Gregor Gysi

Antwort: b). Der Papst der Sprachakrobatik und Urheber dieser Passage hat auch mal während einer Rede den Begriff «lodernde Glut» sagen wollen, doch erst sagte er «gludernde Lot», dann «gludernde Flut» und schließlich «lodernde Flut».

5. «Das Verfahren beruht jedoch auf keiner strengen theoretischen Ableitung, sondern enthält intuitive Elemente.»

Was für eine Doktorarbeit mag das sein, in der ein Verfahren beschrieben wird, das «intuitive Elemente» enthält? Das kann doch eigentlich nur was Theologisches oder Philosophisches sein? Oder wo sonst spielt Intuition eine Rolle?

   a) Angela Merkel
   b) Edmund Stoiber
   c) Joseph Ratzinger

Antwort: a). Was auch immer Intuition mit Physik zu tun hat: Der Satz ist von Angela Merkel.

6. Irgendwas ist hier locker. Nur was? Der Stil? Sicher nicht. Die Schraube? Wer weiß. In welcher Arbeit steht dieser Satz? Spricht Joseph Ratzinger von der Erleuchtung oder vielleicht Angela Merkel von brennenden Teilchen, die locker herumfliegen?

«Die Infloreszenz ist ein lockerer Thyrsus.»

Stammt dieser Satz von:

a) Toni Hofreiter

b) Joseph Ratzinger

c) Angela Merkel

Antwort: a). Infloreszenz hat übrigens nichts mit Fluoreszenz, also dem Abgeben von Licht, zu tun. Infloreszenz bedeutet Blütenstand. Auch Thyrsus bedeutet Blütenstand. Übersetzt heißt der Satz also: Der Blütenstand ist ein lockerer Blütenstand. Dabei ist Infloreszenz der Oberbegriff, der als Blütenstand übersetzt wird. Thyrsus hingegen bezeichnet eine besondere Form des Blütenstandes.

7. Wessen Feder ist bloß der folgende Satz entsprungen? Schreibt Stoiber über den Hausfriedensbruch? Ramsauer über die bayerische Gebietsreform? Oder war es Gysi mit seiner Arbeit über die Vervollkommnung des sozialistischen Rechts?

«Die gesamten näher bezeichneten Rechtslücken, die darauf fußen bzw. fußten, daß innerhalb eines rechtlichen Bereiches nicht genügend an die aus anderen rechtlichen Bestimmungen sich ergebenden juristischen Konsequenzen gedacht worden war oder juristische Spezifika und Widersprüche nicht beachtet wurden, sind zukünftig immer mehr vermeidbar.»

a) Peter Ramsauer

b) Edmund Stoiber

c) Gregor Gysi

Antwort: c). Der Satz stammt von Gregor Gysi. Kaum zu glauben, dass jemand so anders schreibt als er spricht.

8. «Maßnahmen zur Verbesserung beziehungsweise Wiedergewinnung von Bürgernähe liegen kurzfristig in der lebendigen Ausgestaltung diesbezüglicher Organisationsrichtlinien der Bayerischen Staatsregierung, mittel- und langfristig in weiteren Zuständigkeitsverlagerungen und der mutigen Wahrnehmung der Chancen neuer Telekommunikationssysteme.»

Herrjemine. Hier ist ein Meister des Abstrakten am Werk, so viel sei schon einmal verraten. Will der Autor sagen, dass die bayerische Staatsregierung Bürger mit Anrufen belästigt, um Nähe herzustellen?

Und wer war's?

a) Peter Ramsauer
b) Edmund Stoiber
c) Joseph Ratzinger

Antwort: a). Peter Ramsauer hat es in seiner Arbeit über die wirtschaftlichen Ziele und Effekte der Gebietsreform in Bayern geschrieben. Scheint ihm Spaß zu machen, die Juristensprache.

9. «Man muß nur genau fragen: Was heißt ‹drinnen› und was heißt hier ‹draußen›? Offenbar müssen ‹innen› und ‹außen› hier auf je anderer Ebene ausgesagt sein.»

Drinnen oder draußen, das ist hier die Frage. Ist das etwa aus Stoibers Feder geflossen, als er seine Arbeit über Hausfriedensbruch schrieb? Immerhin hat er in seiner legendären Transrapid-Rede den Satz gesagt: «Sie steigen in den Hauptbahnhof ein.» Bei Stoiber geraten offenbar manchmal die örtlichen Präpositionen durcheinander. Oder geht es hier um Atomspaltung und die Frage, ob Moleküle nun drinnen oder draußen sind? Das könnte

auf Merkels Physik-Dissertation hinweisen. Na? Wer hat diesen
Satz verbrochen?

a) Edmund Stoiber

b) Angela Merkel

c) Joseph Ratzinger

Oder nach unten? Oder nach links oder rechts?
Antwort: c). Er hat wohl zu viel nach oben in den Himmel geschaut.

10. «Das semiempirische Interpolationsschema zwischen den
Reaktant- und Produktzuständen gilt sowohl für die Vibrations-
als auch Rotationszustände.»

Welcher Promi spricht hier von Rotationszuständen? Ist es
ein Geist, der kreist, der liebe Gott, der bayerische Staatsminister
oder etwa ein Molekül?

a) Joseph Ratzinger

b) Peter Ramsauer

c) Angela Merkel

komplizierten Dingen.
Antwort: c). Angela Merkel spricht in ihrer Doktorarbeit von diesen

Blendend durch die Uni –
Simulieren geht über Studieren

Eine junge Frau studiert Kunst auf Lehramt. In einem Kunst-didaktik-Seminar muss sie ein Referat halten. Dafür soll sie einen Film analysieren, doch so oft sie ihn auch sieht – sie versteht ihn nicht. Die Note ist aber wichtig für ihr Examen. Also schreibt sie das Referat und trägt ihren Kommilitonen und Dozenten unter anderem folgenden Satz vor:

«Essentiell ist an dieser Stelle die zeitlos-transzendentale Kontemplation, die nicht nur die Suspension jeglicher Kausalität ermöglicht, sondern gleichzeitig eine in Ansätzen persiflierte Metamorphose ins Existentiell-Bedrohliche eröffnet, welche in einem völlig neuartigen Sinngebungsprozess kulminiert [...].»

Der Professor ist begeistert und gibt ihr die Bestnote.

Was war passiert? «Um zu überspielen, dass ich den Film nicht verstanden hatte, habe ich einfach Fremd- und Lieblingswörter meines Professors aneinandergereiht», erklärt die Studentin den wahren Hintergrund ihres Erfolgs. «Das komplette Fazit ist in diesem Stil gehalten und hat meine Kommilitonen glücklicherweise davon abgehalten, Nachfragen zum Thema zu stellen, die meine Wissenslücken offenbart hätten.»

Keiner hat erkannt, dass die Studentin sinngemäß einfach nur gesagt hat: «Entscheidend ist hier absolute Gelassenheit. Dann kann man nicht nur die Sinnlosigkeit dieses völlig unlogischen Films ertragen, sondern den ganzen Quatsch satirisch weiterdenken und damit dem Werk doch noch etwas abgewinnen.»

Die ahnungslose Kunststudentin hat erfolgreich geblufft, mit Hilfe von Fremdwörtern, komplizierten Sätzen und selbstsicherem Auftreten. Sind Studenten auch nicht besser als ihre Dozenten?

Nun ja. Zu Beginn des Studiums schon. Da sind die meisten noch in der Lage, in verständlichen und überschaubaren Sätzen zu reden und zu schreiben. Doch nach und nach, ob sie es wollen oder nicht, prägt das Umfeld die Jungakademiker. Je höher das Semester, umso stärker motzen sie ihre Texte mit hochtrabenden Begriffen auf. Auch die simpelsten Informationen verstecken sie in den abstrusesten Verschachtelungen – bis diese Codes irgendwann kaum mehr zu begreifen sind. Manche tun es, weil sie die Fachsprache für notwendig halten. Das ist weiter nicht zu kritisieren – solange sie unter sich sind. Doch die wenigsten hören damit in ihrer Freizeit auf. Wer kennt sie nicht, die Medizinstudenten, die auch noch abends beim Bier oder auf Partys kaum in der Lage sind, einen verständlichen Satz zu formulieren, der mit ihrem Fach zu tun hat? Sie sprechen von «pathologisch» statt «krankhaft» und von einer «Enzephalitis» statt von einer «Entzündung im Gehirn». Volkswirtschaftler benutzen das Wort «Haushaltskonsolidierung», wenn sie sagen wollen, dass Schulden zurückgezahlt werden. Und BWLer sprechen von «Debitor», wenn sie einen Schuldner meinen – und zwar auch am WG-Tisch. Nur: Sie machen das nicht, um anzugeben, sondern weil sie in ihrer Fachwelt leben. Und dabei nicht merken, dass niemand sie versteht.

Richtige Bluffer hingegen setzen ihre vermeintliche Intellektualität ganz bewusst in Szene, auch Kommilitonen gegenüber. Jeder, der länger als zwei Wochen an der Uni verbringt, macht ihre Bekanntschaft: Es sind die Dauerredner, die in Seminaren einfach nicht zum Punkt kommen. Die Angeber, die in vorauseilendem Gehorsam aus der Lektüre des übernächsten Semesters zitieren. Die Schleimer, die bis ins Detail die Sprachgewohnheiten der Professoren übernehmen.

Einer Linguistik-Studentin aus Berlin ist dieses Phänomen, das sie «Labern an der Uni» nennt, offenbar ziemlich auf den Keks gegangen. Also untersuchte sie es in einer Hausarbeit. «Der Begriff

‹Labern› wurde von eigentlich allen Kommilitonen sofort verstanden und war größtenteils negativ besetzt», schreibt sie. «Labern» bedeutete für die befragten Studenten unter anderem eine unnötig komplizierte Sprache, das Gefühl, nicht zu wissen, was der Kommilitone eigentlich sagten wollte, die direkte Wiederholung einer Aussage mit anderen Worten, eine starke Dozentenbezogenheit und eine relativ aggressive Gesprächsführung, also Unterbrechungen von Vorrednern und Ähnliches.

Ihr Fazit: «Laberer» formulieren auch banale oder bekannte Aussagen so, dass sie den Zuhörern als bedeutend erscheinen und stellen damit sich – und nicht den Inhalt – in den Vordergrund.

Aber ist es wirklich immer nur der erhoffte eigene Vorteil oder Angeberei, wenn Studenten plötzlich mit dem Labern anfangen? Sicherlich nicht. Viele Dozenten erwarten von ihren Studenten, dass sie so unverständlich reden und schreiben wie sie selbst. Eine junge Frau, die Vermittlungswissenschaften, Germanistik und Theologie studiert, macht immer wieder genau diese Erfahrung. Sie weigert sich, den Professorensprech zu übernehmen. Wenn sie sich in Vorlesungen oder Seminaren beteiligt, versucht sie, sich einfach und verständlich auszudrücken. Doch damit ist sie bisher nicht weit gekommen. «Die meisten meiner Dozenten wiederholen meine Beiträge noch einmal in ihrem Univokabular», erzählt sie. Dabei würden die Profs meist genau dasselbe sagen, nur hochgestochener. Einige Male hätten sogar andere Studenten die Dozenten darauf hingewiesen. Das Fazit der Studentin: «Meist bleibt uns Studis gar nichts anderes übrig, als uns hinter den Fachwörtern oder Fremdwörtern zu verstecken. Sie werden vorausgesetzt – obwohl sie lediglich beim Dozenten Respekt und Anerkennung schüren und die Kommilitonen nur in die nächsttiefere Schlafphase versetzen.»

Eine Typologie der Uni-Bluffer

Nicht jeder blufft gleich. Die Taktik des Laberns kann mündlich und schriftlich eingesetzt werden, und es gibt unterschiedliche Formen: das komplexe Labern, das ausschweifende Labern, das ahnungslose Labern, das aggressive Labern, das imponierende Labern – doch wer macht was, wie und vor allem warum? Wir haben zur Orientierung eine Typologie aufgestellt.

Typ 1: Der Notfall-Bluffer

Er benutzt komplizierte Sprache in erster Linie, um Unwissenheit zu kaschieren. So wie die Kunststudentin, die den Film schlicht nicht verstanden hatte und deshalb in ihrem Referat ein Fremdwort an das nächste reihte. Der Notfall-Bluffer wendet seine Taktik zumeist nur reaktiv und in Notsituationen an, etwa in Prüfungen oder wenn er vom Dozenten direkt angesprochen wird. Den meisten fällt der Notfall-Bluff in einer schriftlichen Arbeit leichter, denn da haben die Dozenten und Kommilitonen keine Möglichkeit nachzufragen. Vorsichtige Notfall-Bluffer beziehen sich in Wortbeiträgen auf allgemeine Referenzen wie: «Empirische Untersuchungen aus den USA zeigen …»; «Im Allgemeinen kann gesagt werden …»; «Ich meine mich erinnern zu können, bei … gelesen zu haben …». Die Mutigeren behaupten einfach frech, ein renommierter Wissenschaftler habe das gesagt. Basta.

Wer es schafft, in einem Wortbeitrag völlig selbstbewusst Unsinn zu erzählen und diesen auch noch in seltene Fremdwörter und komplizierte Satzkonstruktionen zu verpacken, dem gebührt allein schon für diese Leistung ein «Bestanden». Was den Notfall-Bluffer in jedem Fall erwartet: Sympathien und Lacher, wenn er auf Partys seine jüngsten «Erfolge» zum Besten gibt.

Typ 2: Der Kompetenzsimulant

Der Kompetenzsimulant benutzt komplizierte Sprache, um anzugeben und andere einzuschüchtern – auch die Kommilitonen. Dabei verfolgt er das Minimax-Prinzip: minimaler Einsatz, maximale Wirkung. Es geht ihm nicht darum, Wissen anzuhäufen und zu verstehen. Es reicht ihm, dass es so aussieht, als ob. Er blufft nicht aus Notwehr, sondern um sich selbst zu produzieren. Der Kompetenzsimulant ist also eine Mogelpackung. Das macht ihn nicht gerade sympathisch. Er hat immer ein paar seltene Fremdwörter parat, die er in seine Äußerungen einstreut. Wenn ihm gerade keine einfallen, ist er sich auch nicht zu schade, im Seminar auf seinem Smartphone nach komplizierten Synonymen für seinen nächsten Wortbeitrag zu suchen. Wenn er darauf angesprochen wird, sagt er, er habe gerade seine neuesten Erkenntnisse getwittert. Schade nur, dass niemand den Namen seines Twitter-Accounts kennt. Bevor der Kompetenzsimulant ein Argument hervorbringt, werden alle potenziellen Widersprüche und Antithesen bereits genannt und damit ausgehebelt. Dafür bemüht er oftmals Namen und Begriffe aus dem jeweiligen Fachgebiet, ohne deren Inhalt noch einmal zu erläutern. Das könnte er auch gar nicht, denn, wie gesagt, er versteht sie ja nicht. Dennoch: Zuhörer, die hier nicht ganz trittsicher sind, werden sich spätestens ab diesem Punkt nicht mehr trauen, Zweifel anzumelden.

Außerdem beherrscht der Kompetenzsimulant die Kunst des

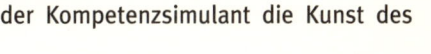

Fragens ohne Frage: Einen eigenen Redebeitrag tarnt er mit einem Fragezeichen, nur um einen guten Grund zu haben, im Seminar etwas zu sagen. So sagt etwa ein Soziologie-Erstsemester-Bluffer, nachdem er «Luhmann» bei Wikipedia eingegeben und ein bisschen rumgegoogelt hat: «Niklas Luhmann hat in seinem Werk ‹Soziale Systeme› Abstand von einer weiteren Interpretation der Klassiker der Soziologie genommen. Damit entscheidet er sich gegen eine Fortführung der alteuropäischen Tradition und Logik bei der Theoriebildung über Gesellschaft. Welchen Einfluss hatte dies Ihrer Einschätzung nach auf die Weiterentwicklung der Soziologie?» Die Antwort, wenn es überhaupt eine gibt, ist ihm egal. Einzig zählen die Note und die Ehrfurcht seiner Zuhörer. Dafür übersieht er auch deren gelegentliches Augenrollen.

Typ 3: Der Professoren-Klon

Er benutzt komplizierte Sprache, um es seinen Professoren recht zu machen. Würden die Dozenten auf RTL2-Niveau sprechen, würde er sich auch dieses aneignen. Selbst äußerlich gleicht er sich seinen Vorbildern dezent an. Er trägt ähnliche Strickjacken und streicht mit dem gleichen milden Lächeln über seine Lieblingsbücher, die zufälligerweise auch die bevorzugte Literatur der Dozenten sind. Der Professoren-Klon ist ein Fähnchen im Winde, das erkannt hat: Menschen bevorzugen Charaktere, die ihnen selbst ähneln. Er stellt also eine junge Kopie der Dozenten dar – und die fallen häufig darauf rein. «Ach, ganz so wie ich früher», denken sie nostalgisch und belohnen die Nachahmung mit guten Noten.

Der perfekte Professoren-Klon überlegt sich vor jedem Redebeitrag, was der Dozent gerne hören würde. «Wie Sie eben selbst gesagt haben ...», leitet er seine Wortmeldung ein, die er sprachlich an den Duktus des angebeteten Profs anpasst.

Und, ganz wichtig: Er hält ständig Blickkontakt zum Dozenten, außer wenn er sich gerade neue Fremdwörter für seine Sammlung notiert. Dieser Eifer wird zwar vom Professor mit Fleißpunkten belohnt, mit Verachtung der Kommilitonen hingegen bestraft.

Wenn du schon so sein musst wie der Prof., könntest du dann wenigstens aufhören, seinen Mundgeruch zu imitieren?

Typ 4: Der Aggro-Bluffer

Meine Güte, sind diese Prüfungsfragen simpel! Da bleibt noch Zeit für ein Powernap.

Dem Aggro-Bluffer macht keiner was vor. Bei ihm zählt jedoch weniger der Sprach- als vielmehr der Körpereinsatz, der Lässigkeit suggerieren soll. Seine Art zu bluffen ist allerdings nicht weniger wirksam und gemein als sprachliche Angeberei.

Anzutreffen ist der Aggro-Bluffer zum Beispiel unter angehenden Juristen. Die kämpfen nämlich nicht nur mit Paragraphen und komplizierten Fällen, auch ihre Kommilitonen werden häufig zu einer Bedrohung für sie. Eine Jurastudentin berichtet: «Die Klausuren der Examenskandidaten werden angeblich im Vergleich bewertet. In diesem Fall schneidet der Einzelne umso besser ab, je schlechter die anderen sind.» Deshalb raten einige Repetitoren – das sind die teuren Nachhilfelehrer, ohne deren Hilfe sich kaum einer ins Examen traut – ihren Schützlingen dazu, die anderen derart zu verunsichern, dass diese in ihrer Klausur scheitern. Und das geht so: Wenn sich der Aggro-Bluffer die Prüfungsfragen anschaut, tut er so, als sei alles ein Kinderspiel, egal, ob er etwas damit anfangen kann oder völlig ratlos ist. Er schaut sich triumphierend um, lächelt siegessicher, verschränkt die Hände hinter dem Kopf und lehnt sich lässig zurück – damit die anderen denken: Bin ich womöglich der Einzige hier, der das Offensichtliche nicht checkt, und daraufhin so nervös werden, dass sie das Examen in den Sand setzen. Der Aggro-Bluffer weiß: Auch falsche Antworten vor sich hin zu murmeln oder erst einmal ganz in Ruhe zu frühstücken, kann die anderen verwirren – und sich deshalb für ihn auszahlen.

Typ 5: Der Nerd

Der Nerd ist innerhalb unserer Typologie ein Sonderfall: Auf den ersten Blick sieht er aus wie ein Bluffer, er ist es aber nicht. Er benutzt komplizierte Sprache, weil es ihm Spaß macht. Ernsthaft. Genau wie es ihm Spaß macht, vor jedem Seminar tatsächlich alle Texte zu lesen, die vorbereitet werden sollen. Inklusive der optionalen Zusatzlektüre. Es ist ihm ein Vergnügen, alles, was er nicht versteht, im Internet oder in Lexika nachzuschlagen. So eignet er sich die Begriffe, Fremdwörter und sprachlichen Eigenheiten seines Faches in Windeseile an, um sie dann mit größter Selbstverständlichkeit zu benutzen. Und zwar nicht nur im Seminar: Auch bei einem Bier mit Kommilitonen und in Alltagsgesprächen purzeln Buchtitel, Zitate und Fremdwörter nur so aus ihm heraus. Der arme Nerd, er kann einfach nicht anders. Der Vorteil: gute, ehrlich verdiente Noten. Der Nachteil: Niemand findet ihn cool.

Kompetenzsimulation bei völliger Ahnungslosigkeit – wie Studenten bluffen

Ob nachahmen, aggressiv sein, schleimen oder aufblasen – der Bluff hat ein Ziel: die Uni zu überstehen. Gemessen wird der Erfolg zunächst an Hausarbeiten, später kommen dann Bachelor-, Master- oder Doktorarbeit hinzu. Und natürlich ist auch das Gespräch mit den Dozenten entscheidend.

Hand aufs Herz: Schon mal gebluft? Und wenn ja, wie? Wir haben Studenten gefragt – hier kommen ihre besten Anekdoten und Antworten. Garantiert ehrlich, garantiert anonym. Einige der Zitate stammen auch aus Texten, die Studenten auf der Plattform hausarbeiten.de veröffentlicht haben, um damit ihren Kommilitonen zu helfen – oder ihnen zu imponieren. Was dabei herauskommt: Lesen Sie selbst.

Eines kann man dabei allen Studenten zugutehalten: Sie haben diese Zeilen zunächst nur für ihre Dozenten geschrieben – sie wollten damit keinen Pulitzerpreis gewinnen. Mindestens aber wollten sie damit ein Seminar bestehen, vielleicht sogar mit einer guten Note. Und sie haben Lebenszeit und Energie in diese Sätze gesteckt.

Unsere «Übersetzer» Armin Himmelrath, Markus Reiter, Inge Schröder, Vince Ebert und Eckart von Hirschhausen haben sich diese Passagen ebenfalls vorgeknöpft, um Licht ins sprachliche Dunkel zu bringen.

Wie ein Pädagogikstudent trotz Blackout brillierte

Mündliche Pädagogik-Prüfung, Thema «Erziehung im Kibbuz», der Professor fragt nach wissenschaftlicher Literatur zu dem Thema. Der Student, der heute Journalist ist, hatte plötzlich einen Blackout. «Mein Hirn war leer», erzählte er. «Mir fiel überhaupt nichts ein – bis auf den Namen eines Freundes in Israel, der tatsächlich im Kibbuz lebt.» Und so plauderte er minutenlang über den vermeintlich führenden Forscher in Sachen Kibbuz-Erziehung, Nitai Keren – seinen Freund –, und seine frei erfundenen umfassenden Studien und Ergebnisse. Offenbar überzeugend: Als Note gab's eine glatte Eins.

Verwirrendes aus der Literatur, Germanistik und Linguistik

Hier schreiben angehende Sprachwissenschaftler, die naturgemäß viel lesen und schreiben müssen. Warum in aller Welt tun sie das so kompliziert?

> «Versuchen wir diese Geschlossenheit des psychischen Modells und seiner Redeweisen noch einen Moment offenzuhalten, bevor die Beschreibung der Evidenz psychischer Identifikationsformen abgeschlossen wäre. Denn uns interessiert der Blick, insofern er nicht konstitutives Moment dieses Systems wird, sondern zur möglichen Chiffre seiner Subversion. Anders gesagt, wir heben den Begriff des Blickes auf, lösen ihn aus diesem Funktionszusammenhang, um ihn anders wieder einzusetzen.»[33]

Glücklicherweise gibt es *Armin Himmelrath*, den Versteher der Bibliotheks-Autisten. Er weiß, was der Autor eigentlich sagen will:

> «Wie sich jemand einen Film anschaut, interessiert mich nicht. Trotzdem muss ich natürlich etwas über den Blick auf den Film schreiben – und das habe ich hiermit getan.»

Diese Germanistik-Studentin hat sich wohl ein Fremdwörterbuch unters Kopfkissen gelegt:

> «Die Parteien intendieren beim Rezipienten eine bestimmte Einstellungshaltung zu erzeugen und erreichen dies vor allem durch die Anwendung der persuasiven Strategie der Emotionalisierung.»[34]

Markus Reiter zeigt, dass es auch einfacher – und vor allem ohne Fremdwörter – geht:

«Die Parteien wollen die Wähler von einer bestimmten Meinung überzeugen. Die meisten setzen deshalb auf Gefühle.»

Völlig abgedreht ist diese Passage:

> «Die für den narratologisch orientierten Literaturwissenschaftler zentrale Frage ist nun, wie sich der Themenkomplex ‹Vergangenheit und Geschichte – kollektiv und individuell in seinem Substrat Erinnerung konkret im Text niederschlägt und wie seine Wirkungsmacht im Jetzt›. Kürzer: Wie funktioniert Erinnerung auf formaler und sprachlicher Erzählebene? Wie gestaltet sich im Gesamtnarrativ die Präsenz des Vergangenen auch in der Gegenwart?»[35]

Himmel! Da kapituliert selbst *Armin Himmelrath*:

«Was will uns der Autor damit sagen? Und was erzählt er von früher?»

Auwei. Hier versteht der Autor einen anderen Autor nicht. Schlechte Voraussetzungen.

> «Diese auf den ersten Blick oft wie deplatziert wirkenden Einschübe kommen aus dem Nichts und schieben die aktuelle Handlung aus dem sich dem zu Ende neigenden Jahr 1922 brachial zur Seite – z. B. zerschneidet das Vergangenheitskapitel 15, das eine traumatische Flussüberquerung in aller Grausamkeit darstellt, die inhaltlich an sich direkt aneinandergrenzenden Kapitel 14 und 16 –, wenngleich sie auch erklären, warum die Personen in ihrer Gegenwart handeln wie sie handeln und sind wie sie sind.»[36]

Armin Himmelrath macht es kurz:

«Der Aufbau dieses Buchs ist wirr und unlogisch. Aber irgendwie scheint doch alles mit einer Flussüberquerung zusammenzuhängen.»

Die sprachlichen Eskapaden der Politikwissen-
schaftler

Okay, wir geben es zu. Auch wir sind nicht nur mit klarem, verständlichem Deutsch durch die Uni gekommen. In ihrem politikwissenschaftlichen Studium in Hamburg belegte Lena Greiner
eine Vorlesung zu politischen Theorien und Ideengeschichte. Der
Professor zweifelte offenbar schon im Vorhinein daran, dass seine
Studenten ihm folgen können. Jedenfalls teilte er ihnen vor der
Klausur eine Reihe möglicher Fragen mit. Lena Greiner und ihre
Kommilitonen teilten die Fragen untereinander auf, jeder be-
antwortete einige, und dann lernten sie fleißig auswendig – aufgeblähten Satz für aufgeblähten Satz.

Eine Klausurfrage lautete: «Was bedeutet in K. Mannheims
Wissenssoziologie der Begriff der ‹Weltwollungen›, und mit welchem Kriterium ordnet er deren Funktionalisierung auf die jeweilige Seins-Totalität ein?»

Die vorgefertigte Antwort der Studenten – ja, auch von Lena
Greiner – passte sich sprachlich hundertprozentig an:

«Das Kriterium, mit dem Mannheim die Funktionalisierung
der ‹Weltwollungen› auf die jeweilige Seins-Totalität einordnet,
ist das Kriterium eines relationalen Schemas. [...] Die Einteilung
dieses relationalen Schemas lässt sich in seiner Abstraktheit in
einfacher Relation auf jede Gesellschaft universal anwenden.»

**Hier hat offenbar jemand den Fremdwörterduden missbraucht.
Ach ja, ist nicht immer leicht, das mit den Männern und den
Frauen: «Eklatant in Korrelation lebend ...»**

«Männer und Frauen sind seit Anbeginn der Zeit zwei eklatant
in Korrelation lebende Gegensätze, zwei antagonistische Sozial-
konstrukte mit differenten Rollencharakteristika – das perzipier-
te und lebte auch Friedrich Schiller im 18. Jahrhundert.»[37]

Immerhin, der Dozent hat dafür eine 1,7 gegeben. *Markus Reiter*
wagt die Übersetzung in verständliches Deutsch:

«‹Männlich› und ‹weiblich› sind zwei Rollen, die von der Gesellschaft bestimmt werden. Schon immer haben sich Männer und Frauen deshalb gleichzeitig angezogen und abgestoßen. Das wusste bereits Friedrich Schiller im 18. Jahrhundert.»

Dies ist ein Satz. Ein einziger Satz.

«Die politische Rhetorik der venezolanischen Regierung beruft sich, wie in dieser Arbeit weiterhin noch zu zeigen sein wird, in seiner außenpolitischen Argumentation fortlaufend auf das Souveränitätsprinzip, welches zu jener Zeit eine Institutionalisierung erfuhr, die so stark war, dass ihr, zumindest zeitweise, in der sicherheitspolitischen Debatte ein höherer Stellenwert zugerechnet wurde als dem Prinzip der Humanität (vgl. Finnemore 2004: 76) und auch noch heute zumindest geeignet ist, Argumentationen, die humanitäre Interventionen befürworten, als weltkulturell dominierendes Prinzip entgegengehalten zu werden – übrigens eine rhetorische Strategie, von der auch Hugo Chávez etwa im derzeitigen Libyen-Krieg (2011) eifrig Gebrauch macht, etwa wenn vor der Einmischung in Angelegenheiten der Souveränität Libyens warnt (vgl. Portal Amerika 21 2011) oder die NATO-Luftangriffe auf Libyen als ‹imperialistisch› bezeichnet (vgl. Fox News 2011), womit er gezielt die weltkulturell institutionalisierte Illegitimität von Kolonialismus und damit Imperialismus nutzt, um sie den westlichen Staaten vorzuwerfen.»[38]

Vince Ebert traut sich ran:

«Der venezolanische Staatspräsident Hugo Chávez ist überzeugt: Wenn es um eine so großartige und menschliche Sache wie den Sozialismus geht, kann auch gerne mal das eigene Volk unterdrückt, ausgebeutet oder niedergemetzelt werden. Ein bisschen Schwund gibt's schließlich immer. Erfolgen internationale Maßnahmen jedoch im Namen des Kapitalismus, sind diese ausnahmslos zu verdammen. Und zwar völlig egal, wie sehr das Volk davon profitiert.»

Und in dem Stil geht es auch auf den folgenden Seiten weiter, selbst wenn die Sätze, nun ja, kürzer werden. Geringfügig.

«Die Erkenntnis, dass die Weltkultur keineswegs ein Konglomerat an homogenen Institutionen, Prinzipien und Werten ist, deren alleinige Folge eine weltweite Diffusion bestimmter kultureller Merkmale, Strukturen und Semantiken ist, sondern dass diese sich zugleich durch eine tiefgreifende Heterogenität auszeichnet, die wiederum eine Konsequenz der globalen Isomorphie darstellt, wirkt zunächst in höchstem Maße paradox.»[39]

Konglomerat, Semantiken, Isomorphie – *Vince Ebert* zeigt, dass es auch ohne all das geht.

«Wer hätte das gedacht? Eine ägyptische Pyramide sieht völlig anders aus als der Aachener Dom. Und das, obwohl beide Bauwerke von Menschen gebaut wurden. Total verrückt.»

Ach ja, die Europawissenschaften sind ein Dschungel an Theorien. Was bleibt einem armen Studenten da anderes übrig als …

«Die deduktive Herangehensweise ist sehr populär, da sie sich im Gegensatz zur Empirie leichter umsetzen lässt. Wenn man Demokratie anhand von Partizipation, Transparenz, Medien und ähnlichen Kategorien definiert, so erlangt man Schlussfolgerungen über Zusammenhänge. Das Problem besteht darin, dass diese in sich logisch wirken, aber nur schwer mit anderen Modellen verglichen werden können. Der resultierende Dschungel an Theorien führt dazu, dass eine allgemeingültige Aussage beinahe unmöglich wird. Aus diesen Überlegungen heraus wird deutlich, dass es hier nicht darum gehen kann, allgemeingültige Aussagen zu treffen.»[40]

Vince Ebert versteht den Studenten:

«Das Bauen von philosophischen Luftschlössern ist bei vielen beliebter als die Auseinandersetzung mit harten Fakten. Auch bei mir. Die Frage, die ich mir gestellt habe, ist zugegebenermaßen faktisch nicht zu beantworten. Aber ich muss nun mal diese blöde Hausarbeit schreiben und will danach irgendwas mit Medien machen. Also eiere ich ein bisschen rum, zeige ein paar Einzelbeispiele auf und hoffe, dass meine Arbeit als einigermaßen ‹wissenschaftlich› durchgeht.»

Skurriles aus der Medizin
In der Medizin geht es manchmal auch um die alltäglichen Probleme von Drogenkonsumenten. Wenn zum Beispiel Hanf im Pipi ist, so wie im folgenden Beispiel aus einer Hausarbeit:

> «Wenn ein Beschuldigter jedoch zu seiner Verteidigung angibt, er habe Hanfbier oder ein anderes frei verkäufliches Hanfprodukt konsumiert, und den positiven THC-Befund in seinem Blut bzw. im Urin dadurch zu erklären versucht, wäre die zweifelsfreie Widerlegung einer solchen Schutzbehauptung ohne Kenntnis der wissenschaftlich analysierten Gehalte an psychoaktiven Substanzen in diesen Produkten nicht möglich.»[41]

Eckart von Hirschhausen weiß Rat:

«Kiffer mit verräterischen Abbauprodukten im Pipi geben ungern zu, dass sie gekifft haben. Es sei denn, sie sind gerade richtig bekifft. (Und wenn Juristen nicht wissen, was in Hanfbier drin ist, können sie beliebte Ausreden wie ‹Ich hab doch nur ein Hanfbier getrunken› nicht bewerten.)»

Auch Banales drücken Mediziner zuweilen sehr kompliziert aus. Wie wollen sie sich nur später ihren Patienten verständlich machen?

> «Hinsichtlich der chirurgischen Ursachen von postoperativ persistierenden oder wiederkehrenden Schmerzen besteht eine deutliche Zeitabhängigkeit der Wahrscheinlichkeit des Vorliegens möglicher Ursachen (Follet u. Dirks 1993; Guyer et al. 2006).»[42]

Eckart von Hirschhausen übersetzt:

«Es ist was anderes, ob es gleich nach einer Operation weh tut oder erst später.»

Der Slang der Wirtschaftswissenschaftler

Ein Wirtschafts- und Informatik-Student berichtet: «Wir reden von Clouds, In-App-Marketing, Customer Relationship Management und vielem mehr, und zwar, ohne dass wir diese Wörter wirklich definieren könnten. Es geht eigentlich nur darum, mit solchen Begriffen anzugeben.» Und so verabreden er und seine Kommilitonen sich nicht mehr zu Gruppentreffen, sondern zu Meetings und Kick-offs. Der Student glaubt: «Würde jemand all diese Worthülsen aufbrechen, er würde uns ziemlich schräg anschauen.»

Hier kündigen zwei Studentinnen an, dass sie versuchen werden, den Begriff «Anlagevermögen» zu erklären, und breiten im Detail aus, wie genau sie das tun werden. Alles ziemlich umständlich. Warum erklären sie es nicht einfach?

«In dieser Ausarbeitung soll der Begriff ‹Anlagevermögen› definiert und ins wirtschaftliche Geschehen eingeordnet werden. Unter Zuhilfenahme themenbezogener Sachbücher und dem world wide web wird der Begriff faktisch dargestellt und anhand eines Beispiels sowie einer Graphik visualisiert. Zu Beginn wird der Begriff definiert und im Folgenden themenbezogen differenziert.»[43]

Armin Himmelrath formuliert, was die Studentinnen eigentlich sagen wollen, indem er einfach sämtliche Worthülsen weglässt:

«Ich erkläre jetzt mal, was ‹Anlagevermögen› heißt. Dazu habe ich Bücher gelesen, bei Wikipedia gestöbert und ein Graphikprogramm benutzt.»

Offenbar waren die Erklärung, die dann folgte, und der Rest der Arbeit ziemlich gut. Die Studentinnen bekamen die Note 1,7. Vielleicht ist der Professor aber auch beim Lesen eingenickt und dachte: Was soll's, passt schon.

Ein Satz, den nicht jeder Kunde versteht. Aber Hauptsache, er ist zufrieden:

«Der Kunde hat dauerhaft die Indifferenzzone verlassen und befindet sich im Bereich des Begeisterungspotentials.»

Heißt auch:

«Ein Kunde ist für längere Zeit zufrieden.»

Eingesendet und übersetzt von *Stefan Wagger*, der Management im Handel an der Hochschule in Bremen studiert.

Wissenschaftler können untereinander auch mal Beef haben. Wie sie sich dann zoffen, zeigt folgender Satz:

«Die Argumentationsstruktur meiner Kritiker beruht, wie ich in der Zwischenzeit erkannt habe, darauf, dass man sich im fallrelevanten Vollbesitz eines so durchdringenden, über jeden Einzelfall hinausgehenden, bis an die Grenzen der Systembildung heranreichenden Wissens in dieser Sache wähnt, dass man jede von aussen kommende Kritik am eigenen rhetorisch-gestischen Aktionismus und selbstinszenatorischen Histrionismus von vornherein als Logorrhö abwertet aufgrund angeblich inadäquaten Wissensstand des Kritikers.»

SPIEGEL-ONLINE-Leser *Gregor Szyndler*, der die Passage eingesendet hat, versteht sie so:

«Von einem Nichtkenner kritisierter Kenner wirft Nichtkenner Nichtkennen vor.»

Oder auch:

«Was erlaubst du dir, du Banause!?»

Philosophie 2.0.
So zitiert man vorbildlich, wenn der Professor schon ein bisschen älter ist. Denn er weiß wahrscheinlich nicht, wie dieses Internet funktioniert. Er liest eben meist Bücher:

«Die hier zitierte Quelle ist auch im Literaturverzeichnis enthalten, wobei es sich hier weniger um Literatur als um Computer-

software handelt. Das zitierte Programm kann als Shareware umsonst aus dem Internet heruntergeladen werden.»[44]
Der Dozent hat's belohnt und die Arbeit mit Eins bewertet.

Das Fazit: Viele der sprachlich unnötig zugekleisterten Hausarbeiten wurden sehr gut benotet. Offenbar gefällt den Dozenten, wie ihre Schützlinge sich an Fremdwörtern, Schachtelsätzen und Passivformulierungen abarbeiten. Auch uns gegenüber hat kaum ein Professor darüber geklagt.

«Ich habe aus Versehen Haschkekse gegessen» – absurde Ausreden

Nicht nur, was die sprachliche Gestaltung ihrer Arbeiten angeht, sondern auch in Sachen Ausreden ausdenken laufen manche Studenten zu ungeahnten Höchstleistungen auf. Hier kommt es zur Abwechslung mal mehr auf den Inhalt als auf die Form an. Wir haben Professoren gefragt, welche absurden Ausreden ihnen schon aufgetischt wurden. Mal witzig, mal peinlich, mal ehrlich – ein Best-of, wie sich Studenten rausreden. Manchmal sogar mit Erfolg.

Ein Professor erzählt: Eine Studentin, die gerade im Ausland ist, hat offenbar viel zu spät mit ihrer Abschlussarbeit angefangen. Also schickt sie ihm eine Nachricht, warum sie unbedingt später abgeben muss. Der bemerkenswerteste Grund:
«Das heißt, dass ich hier auch mit einer anderen Tastatur werde schreiben müssen – ich versuche mich gerade einzugewöhnen, aber das Schreiben wird bestimmt nicht so schnell gehen wie auf der deutschen Tastatur.»

Ein anderer Student kommt immer zu spät. Auf die Frage des Professors, warum, antwortet er:

«Ich stelle mir den Wecker so, dass er mich rechtzeitig weckt. Dann verschwindet die Zeit einfach ... Ich weiß nicht, was dann passiert. Pünktlich zu kommen ist mir jedenfalls physisch unmöglich.»

Den Kurs hat der junge Mann übrigens nicht bestanden.

Ein Dozent der Naturwissenschaften erhielt im Wintersemester diese Mail von einem Studenten, nachdem dieser schon seit Tagen unentschuldigt eine Übung versäumt hatte:

«Hallo Herr XY,

Leider bin ich in letzter Zeit sehr oft krank durch hohen Stress in Verbindung mit dem ungewöhnlich kaltem Wetter, aber bis April bin ich mit Sicherheit wieder vollkommen gesund und hole den versäumten Praktikumsblock – wie abgesprochen – ebenfalls nach.

Vielen Dank im Voraus!

Beste Grüße»

Ein anderer Professor bekommt zu hören:

«Ich musste meinen Vater abholen, er ist heute aus dem Gefängnis gekommen ... Deshalb konnte ich meine Bachelorarbeit nicht abgeben.»

Eine Pädagogik-Studentin muss als Leistungsnachweis für ihren Master verschiedene Hausarbeiten anfertigen. Doch sie gibt sie nicht ab. Als Begründung sagt sie, ihre Oma sei gestorben. Diese Begründung gibt sie in diesem Semester gleich dreimal an. Kommentar der Professorin: «Auch in einer Patchworkfamilie sterben nicht drei Omas gleichzeitig.»

Ein Medizin-Student im 6. Semester soll zu einem Pharmakologie-Testat erscheinen. Doch er kommt nicht. Am nächsten Tag entschuldigt er sich bei seinem Professor:

«Am Morgen des Testats habe ich zum Frühstück selbstgebackene Kekse gegessen, die meine WG-Mitbewohner am Abend auf dem Tisch haben stehen lassen. Danach ist mir so schwindelig geworden, dass ich nicht zum Testat erscheinen konnte. Am Nachmittag stellte sich heraus: Es waren Haschkekse.»

Der Student durfte das Testat eine Woche später nachholen.

Medizin-Professoren sind offenbar sehr nachgiebig. Auch hier kam eine angehende Ärztin dank einer Ausrede davon:

Die Studentin (8. Semester) erschien nicht zur Prüfung. Ihre Begründung: Sie habe zu lange gelernt und deshalb Koffeintabletten eingeworfen. Leider waren es jedoch offenbar zu viele Aufputschpillen, deshalb sei sie jetzt nicht in der Lage, der mündlichen Prüfung beizuwohnen.

Die Studentin kam damit durch, der Dozent hatte Verständnis. Hoffentlich ist die junge Frau später bei der Tablettendosierung für ihre Patienten vorsichtiger.

Und was, wenn man sich nicht vor einem Prof, sondern nur vor sich selbst rechtfertigen muss? Hier die besten Ausreden, eingesandt von SPIEGEL-ONLINE-Lesern.

Zehn Gründe, nicht zur Uni zu gehen

1. Es ist Freitag.
2. Ist doch nur eine Vorlesung.
3. Einmal darf ich noch fehlen.
4. Es regnet.
5. Voll schönes Wetter.
6. Ich hab den Text nicht gelesen.
7. Da hatten wir irgendwas auf.
8. Mein Kumpel schreibt mit.
9. Ich arbeite das Buch richtig durch. Davon hab ich mehr.
10. Da will ich eh keinen Schein machen.

Wer sich erfolgreich vor der Abgabe einer Hausarbeit oder dem Schreiben einer Klausur drücken will, braucht also ein bisschen Kreativität. Doch Vorsicht, nicht zu viel: Dass schwerlich drei Omas in einem Semester sterben können, fällt selbst zerstreuten Professoren auf. Doch was, wenn der Abgabetermin unumgänglich ist? Dann helfen nur noch die Phrasen für Panikphasen. Garantiert.

Phrasen für Panikphasen

Diesen ganzen «lateinischen Müll» durchzulesen, dazu hatte er wirklich keinen Bock, berichtete uns ein SPIEGEL-ONLINE-Leser. Dass er nicht recherchiert hat, kaschierte er in seiner Hausarbeit zum Thema «Religionskonflikt Arianismus/Katholizismus bei den Westgoten» im Fach Geschichte so:

«Ferner ziehe ich als Quelle Augustinus' zeitgenössische Schrift ‹Contra sermonem arrianorum› heran, welche eine Kampfschrift gegen die Arianer darstellt», lautete ein Satz in der Hausarbeit.

Dazu setzt er folgende Fußnote:

«Diese ist programmatisch für die Sicht der Nizäer über die Arianer. Siehe hierzu: Augustinus, Contra sermonem arrianorum praecedit sermo arrianorum, hrsg. von Suda, M. J.; Folliet, G., Wien 2000, S. 47–113»

Weil er das Buch nicht gelesen hatte, gab er nur den Titel als Quelle an, ohne einzelne Seitenangaben zu machen. Zugegeben, das ist ein alter Trick. Und Dozenten, die gründlich lesen, durchschauen ihn schnell. Gut, dass es da noch eine Reihe unverfänglicher Floskeln gibt, die schön wissenschaftlich klingen, aber reichlich hohl sind. Wer dazu neigt, zu spät mit der Hausarbeit anzufangen, sollte sie sich gut merken, denn frecher lässt sich nicht ausdrücken, dass man nichts weiß. Viel Spaß mit der nun folgenden Phrasen-Typologie.

Die 24-Stunden-vor-Abgabe-Beginner

«Diesen Punkt ausführlich zu beleuchten, würde den Rahmen dieser Arbeit sprengen.»

Heißt: Ich habe in der Sekundärliteratur eine Fußnote dazu gelesen, zu mehr reichte aber weder meine Zeit noch meine Motivation.

«Die vorliegende Arbeit entstand im Rahmen eines Projektkurses von äußerst begrenztem zeitlichem Umfang. Eine tiefergehende Analyse des vorliegenden Datenmaterials ist daher nicht möglich.»

Heißt: Ich habe zu spät angefangen.

«Aufgrund des nur begrenzten Seitenumfangs dieser Arbeit ist eine Eingrenzung des zu betrachtenden und zu untersuchenden Zeitraums dringend geboten.»

Heißt: Sie haben ja gesagt, ich soll maximal 12 Seiten abgeben. Schriftgröße 16, doppelter Zeilenabstand ist okay, oder?

«Die Schritte, die hier nacheinander dargestellt sind, sollten als parallel gedacht werden, da sie eng miteinander verwoben sind.»

Heißt: Ich hatte keine Zeit und Lust mehr, das ordentlich zu strukturieren.

Die Dreisten

«Ich finde es unverschämt, dass Aufgaben gestellt werden, für die man offensichtlich so leicht Lösungen im Netz finden kann.»

Sagte ein Student zu seinem Dozenten, der ihn dabei ertappt hatte, sich Übungslösungen «zusammenzugoogeln» und als eigene Arbeit abzugeben.

«Wie der geneigte Leser leicht sieht ...»

Heißt: Jeder, wirklich jeder, sollte verstehen, was ich nicht verständlich ausdrücken kann.

«Dank gebührt Jim für seine Assistenz bei dem Experiment und Nick für seine Hilfe bei der Erstellung dieses Aufsatzes.»

Heißt: Jim hat die Arbeit gemacht. Nick hat den Aufsatz geschrieben. Das Experiment wurde in meinem Labor durchgeführt, deshalb bekomme ich all den Ruhm und alle Preise, die das Projekt vielleicht gewinnt.

Die Recherche-Verweigerer

«Die profunden Werke von Mayer und Müller haben diesen Sachverhalt in Gänze umfassend und höchst befriedigend ergründet; dem ist, wohl auf Jahre, nur wenig hinzuzufügen.»

Heißt: Lieber Prüfer, ja, ich weiß wenig zum Thema, aber im Reader habe ich gesehen, dass ihr etwas dazu veröffentlicht habt.

«Natürlich ist diese Beziehung im Detail verwischt, aber sicherlich nicht mehr als in zahlreichen anderen Bereichen von vergleichbarer analytischer Komplexität.»

Heißt: Ich habe keine Daten, die zu meiner These passen, aber alle anderen in meinem Fach machen es genauso.

«Aufgrund fehlenden Datenmaterials speist sich die Empirie aus meinen persönlichen Beobachtungen.»

Heißt: Ich habe einfach mal aufgeschrieben, was mir so zum Thema einfällt.

«Die Debatte zum Thema füllt Bibliotheken, soll hier aber zugunsten von Lesefluss und Verständlichkeit nicht in ihrer ganzen Tiefe referiert werden.»

Heißt: Bitte beachten Sie, wie umfangreich mein Literaturverzeichnis ist, auch wenn sich davon wenig in der Arbeit findet.

«Nach Forschungsstandanalyse wurden vor allem neueste Publikationen für das theoretische Sampling benutzt.»

Heißt: Ich war zu faul, Literatur zu suchen, ich habe nur in die ersten fünf Treffer von Google Scholar reingesehen.

«Wie gemeinhin bekannt ist ...»
Heißt: Ich glaube ...

«Wie hinlänglich bekannt ist ...»
Heißt: Ich glaube ..., und ein Freund von mir glaubt das auch.

«Wie seit langem bekannt ist ...»
Heißt: Ich kenne die Quelle nicht.

Die eloquenten Durchwurschtler

«Bei der linguistischen Analyse eines schriftlichen Textes ist es relativ schwierig, klare Ergebnisse zu erzielen. Das liegt zum einen daran, dass nicht alle phonetischen Merkmale orthographisch festgehalten werden können bzw. einfach nicht festgehalten worden sind, bzw. wenn sie es dennoch sind (wie bei dem Wort voel), dann bedeutet dies lediglich, dass es eine Annäherung an die tatsächliche sprachliche Äußerung ist, da für viele Hebungen und Senkungen einfach keine orthographischen Entsprechungen vorhanden sind.»

Dass sie weder Material noch Zeit und Lust hatte, weiter zu recherchieren, kaschiert die Studentin, die diese Zeilen verfasst hat, in epischer Breite.

«Die Quellenlage stellt sich als unbefriedigend dar; mithin tut sich hier eine Forschungslücke auf, die im Folgenden verkleinert werden soll, indem zunächst einige grundlegende Überlegungen angestellt werden, um dann in einer systematischen Ausarbeitung Kategorien identifizieren zu können, die es erlauben, sich der ursprünglichen Fragestellung sukzessive zu nähern.»

Heißt: Mein Thema ist so irrelevant, dass sich niemand dafür interessiert. Deshalb labere ich einfach mal drauflos. Klingt doch wissenschaftlich, oder?

«Diese Arbeit hat narrativen Charakter.»
Heißt: Ich erzähle nach, was ich gelesen habe.

«Kommunikation ist, wie das Helix-Modell von Dance (1967) sehr anschaulich darstellt, eine stetig ansteigende, sich verbreiternde Spirale, die sich in Richtung Unendlichkeit fortsetzt und, so scheint es, darüber hinaus.»
Heißt: Warum nur studiere ich ausgerechnet Kommunikationswissenschaften?

«Aus forschungspragmatischen Gründen erfolgt eine Eingrenzung der Datenmenge; bestimmte Indikatoren sind für die hier entwickelte Fragestellung vernachlässigbar.»
Heißt: Die Zahlen und Tabellen, die ich zusammengegoogelt habe, stützen meine These nicht. Ich benutze nur, was passt.

«Der Graph widerspricht vermutlich aus nicht trivialen Gründen allen logischen Folgerungen.»
Heißt: Ich habe keine Ahnung und war auch zu faul, mich näher damit zu befassen.

«Die Werte wurden mittels heuristischer Methoden in einem iterativ-experimentellen Verfahren ermittelt.»
Heißt: Ich verstehe die Berechnung nicht und habe so lange herumprobiert, bis es irgendwie passte.

«Diese Inhalte im Rahmen dieser Arbeit erneut explizit darzulegen, wäre in Bezug auf das im Seminar Besprochene redundant und würde ferner vom eigentlichen Schwerpunkt meiner Arbeit ablenken.»
Heißt: Ich habe wirklich keine Lust, den ganzen Kram aus dem Seminar hier noch mal aufzuschreiben. Die Formulierung zeigt doch schon, dass ich unglaublich gut aufgepasst habe.

«Das vorliegende Datenmaterial lässt eine abschließende Bewertung nicht zu.»
Heißt: Ich weiß es nicht.

Naturwissenschaftler und Psychologen
«Meiner Erfahrung nach ...»
Heißt: Einmal war es so ...

«In mehreren Fällen ...»
Heißt: Zweimal war es so ...

«Drei Beispiele wurden für eine detaillierte Untersuchung ausgewählt.»
Heißt: Die anderen Beispiele waren einfach nur Mist.

«Obwohl es keine eindeutigen Antworten auf diese Fragen gibt ...»
Heißt: Mein Experiment ist gescheitert. Aber ich möchte trotzdem, dass es publiziert wird.

«Mit dem Aspekt xy sollten sich weitere Forschungsvorhaben beschäftigen.»
Heißt: Dafür brauchen wir in naher Zukunft finanzielle Mittel.

«Weitere Arbeiten werden erforderlich sein, um den Mechanismus zu erklären.»
Heißt: Ich habe keine Ahnung, was hier vor sich geht, und ich werde nicht derjenige sein, der es herausfindet.

Die juristische Hintertür

Besonders große sprachliche Herausforderungen haben Jura-Studenten zu bewältigen. Ihre Texte und Wortbeiträge müssen nicht nur schlau klingen und möglichst unverständlich sein – sie müssen auch immer juristisch unanfechtbar sein, spätestens im Berufsleben. Deshalb lernen Juristen schon während ihres Studiums, sich immer, egal um was es geht, sprachlich ein Hintertürchen offenzuhalten. Damit lassen sich, zumindest noch in den ersten Semestern, übrigens auch die Kommilitonen beeindrucken:

«Grundsätzlich»

Dieses Wort geht immer. Es soll heißen: Meistens ist es so, aber es kann auch Ausnahmen geben. So schützen sich Juristen für den Fall, dass es doch anders kommt. Vorsicht bei Kommilitonen, die abends in der Kneipe einen Wein bestellen mit der Bemerkung «Grundsätzlich trinke ich Bier». Anschließende Gespräche könnten anstrengend werden.

«Nach billigem Ermessen»

Hat mit preiswert nichts zu tun. Wenn ein Jurist sagt: «Die Entscheidung ist nach billigem Ermessen zu treffen», dann meint er, dass so entschieden werden soll, wie es dem natürlichen Empfinden nach gerecht wäre. Klingt ziemlich banal, weshalb kein Jurist es so einfach ausdrücken würde.

«Im Zweifel»

Ein sehr beliebter Ausdruck. Man benutzt ihn für den Fall, dass man sich nicht festlegen möchte. Bedenklich wird es, wenn Juristen anfangen, auch in ihrem Privatleben diese Formel zu benutzen. Denn so kann man sich immer und bei allem rausreden, zum Beispiel mit dem Satz «Im Zweifel sind wir ein Paar».

Juristische Formulierungshilfe

Wer sich als fortgeschritten ausweisen will, kann die folgende «juristische Formulierungshilfe» benutzen. Mit ihr lassen sich einfache Sätze schwuppdiwupp in Phrasen-Ungeheuer verwandeln.

Plötzlich klingt auch der banalste Brief tiefschürfend und professionell. (Dies ist ein Scherz. Bitte nicht zum Anwalt rennen.)

1. Schritt: Man nehme einen ganz normalen Satz.
«Vielen Dank für Ihren Brief. Wir beantworten Ihre Fragen, sobald wir mit Herrn Müller darüber gesprochen haben.»

2. Schritt: Man reichere den Satz mit Substantiven an. Alle Verben werden durch Hauptwörter oder Streckverben ersetzt, die Substantive mit der Endung «-ung» aufgebläht.
«Vielen Dank für Ihren Brief. Wir kommen in Beantwortung Ihrer Fragen auf Sie zurück, sobald wir Rücksprache mit Herrn Müller gehalten haben.»

3. Schritt: Zur Wahrung des Anwaltsgeheimnisses wird der Text anonymisiert.
«Vielen Dank für das vorgenannte Schreiben. Die Unterfertigten kommen in Beantwortung der darin aufgeworfenen Fragen auf diese zurück, sobald sie Rücksprache mit dem Mandanten gehalten haben.»

4. Schritt: Man übersetze alles ins Passiv.
«Für das vorgenannte Schreiben möchten wir uns bedanken. Die Unterfertigten werden in Beantwortung der darin aufgeworfenen Fragen auf diese zurückkommen, sobald unsererseits Rücksprache mit dem Mandanten gehalten werden konnte.»

5. Schritt: Man reichere den Text mit möglichst vielen unnötigen Adjektiven und Partizipien an.
«Bezugnehmend auf das vorgenannte Schreiben möchten wir uns bedanken. Die Unterfertigten werden in alsbaldiger Beantwortung der darin aufgeworfenen rechtlichen Fragestellungen umgehend auf diese zurückkommen, sobald unsererseits die unverzichtbare

Rücksprache mit dem derzeit abwesenden Mandanten gehalten werden konnte.»

6. Schritt: Man wiederhole zum Abschluss noch einmal Schritt 2 bis 5.

«Unter Bezugnahme auf das vorbezeichnete Schreiben möchten wir dankenswerterweise den Empfang durch unser Haus bestätigen. Den Unterfertigten erscheint es bezüglich der im Betreff bezeichneten Angelegenheit gegebenenfalls im Bereich des zeitnah Umsetzbaren, zu den angesprochenen rechtlichen Fragestellungen in alsbaldiger Erledigung der im vorgenannten Schriftsatz aufgeworfenen konkreten Problemkreise in schriftlicher Form Stellung zu nehmen, sobald durch unsere Kanzlei in Bezug auf die von Ihrer Seite geäußerten Anliegen die nach unserem Dafürhalten gebotene Rücksprache mit der derzeit noch auf nicht absehbare Zeit in Abwesenheit befindlichen Mandantschaft gehalten werden konnte.»

Und jetzt bitte noch einmal den Satz unter 1. lesen.[45]

Übrigens: Wer einen Brief von einem Anwalt erhält oder auch nur ein offizielles Schreiben von einer Behörde, kann die Formulierungshilfe auch umgekehrt anwenden – und sich so den Inhalt Schritt für Schritt übersetzen.

Die Klagen der Profs

Nicht immer kennen Studenten die korrekten Wortbedeutungen, wenn sie versuchen, professionell zu klingen. Jura-Professorin Jantina Nord beobachtet schon seit einigen Jahren, wie sich die Sprachkompetenz ihrer Studenten verschlechtert. «Beim Begriff ‹verlustig gehen› konnten einige Studierende das Wort nicht von ‹Verlust›, sondern nur von ‹lustig› ableiten», erzählt sie. Am schlimmsten aber sei es für sie, wenn ein Student das Wort «voll-umfänglich» benutze: «Das ist mein Hasswort», sagt Nord. «Es bedeutet einfach ‹komplett›, wird aber oft als Steigerungsform im Sinne von ‹ganz doll› verwendet.» Die Jura-Professorin hat sogar das Gefühl, ihr eigenes Sprachgefühl habe schon gelitten, weil sie jeden Tag so viele falsche studentische Texte zu lesen bekomme. Um zu zeigen, dass es sich nicht nur um «professorales Gemoser» handelt, ließ sie Textproben ihrer Studenten auf Fehler unter-suchen und führte einen Sprachkompetenztest durch. Das Er-gebnis: Drei von vier Erstsemester-Studenten hatten mangelhafte sprachliche Fähigkeiten.

Was ist da los? Schreiben die Studenten nun zu abgehoben oder zu simpel und fehlerhaft? Offenbar gibt es beide Fälle – die einen missbrauchen die Sprache als Mittel zum Zweck. Die anderen ha-ben Schwierigkeiten, einen geraden Satz zu formulieren. Tatsäch-lich beschweren sich derzeit viele Professoren über den Schreibstil ihrer Studenten:

«Hallo Frau xy,

die Vorrausetzungen sind echt doof. Aber ich kuck mal wie ich das hinkriege.

Liebe Grüse xy»

Dies ist nicht der Aufsatz eines Drittklässlers mit Recht-schreib-Schwäche. Dieser Satz stammt – ganz ehrlich – aus einer E-Mail, die eine Professorin für Musikwissenschaft und Musikpä-dagogik erhielt, und zwar «genauso und in keinem Buchstaben, keiner Leerstelle anders», erzählt sie uns. Studenten würden ihr ständig orthographisch zweifelhafte Schriftstücke wie diese schi-cken. Nicht Fremdwörter sind aus ihrer Sicht das Problem der Studenten, sondern Rechtschreib- und Grammatikfehler. «Mir scheint, es gibt gar keine Sprachakrobaten mehr», klagt auch sie.

Der Philologe Gerhard Wolf von der Universität Bayreuth wollte diese Entwicklung erklären und schickte im Dezember 2011 einen internen Fragebogen an seine Kollegen vom Philosophischen Fakultätentag. Er wollte wissen, für wie «studierfähig» die Dozenten die jungen Studenten halten. Etwa 70 Dozenten aus geistes-, kultur- und sozialwissenschaftlichen Fakultäten deutscher Universitäten antworteten ihm. Das Ergebnis ist erschreckend: Vor allem in der Sprach-, Lese- und Schreibkompetenz haben Studenten nach Angaben der Dozenten große Defizite. «Das Wagnis, ein komplexes Satzbaugefüge zu bilden, endet regelmäßig in peinlichen Niederlagen», schreibt einer. «Die mangelnde Studierfähigkeit zeigt sich vor allem in der stark unterentwickelten Fähigkeit, kompetent und souverän mit der (deutschen) Sprache umzugehen», schreibt ein anderer.

Dieser Zustand habe sich in den vergangenen Jahren noch verschlechtert, meint Wolf.

Auch Professoren aus anderen Fächern beschwerten sich: Ingenieurstudenten könnten nicht mehr ohne Taschenrechner rechnen, Architekten nicht mehr zeichnen, Mediziner keinen Arztbericht mehr formulieren.

Wolf, der die Umfrage unter Professoren initiierte, gibt Kurznachrichten wie SMS oder Twitter die Schuld an dieser Entwicklung. Weil sie sonst nur kurz und im Eiltempo kommunizierten, könnten sich Studenten kaum noch auf komplizierte Texte und lange Argumentationsketten konzentrieren. «Und wenn dann so ein Text vor einem Studenten liegt, der nebenher noch auf Facebook guckt, ist die Katastrophe perfekt.»

Die Erklärung ist naheliegend: Wer seinen Alltag in sozialen Netzwerken wie Facebook verbringt, liest Informationen häppchenweise. Es werden keine Briefe mehr geschrieben, sondern kurze E-Mails und SMS. Und damit in der Kürze und Unbedachtheit der Wortwahl nichts falsch verstanden wird, setzt der Absender Smileys oder andere Icons ans Satzende. Auch Groß- und Kleinschreibung oder Kommasetzung wird auf diesen Kommunikationswegen wenig beachtet, schließlich kostet das Mühe und Zeit – und den meisten Adressaten scheint es ohnehin egal zu sein, ob die Orthographie stimmt. Hauptsache, die Antwort kommt schnell. Aber: Machen Facebook und Twitter nur faul oder wirklich doof? «Man müsste das alles einmal systematisch untersuchen», sagt Wolf. «Die sind ja nicht dümmer als andere Generationen.»

Schon gar nicht sollten sich Studenten allerdings von der sprachlichen Schaumschlägerei an der Uni verunsichern lassen. Sondern lieber selbstbewusst fragen: Was soll das denn hier?

Uni-Sprache –
der Crash mit der Wirklichkeit

Vom verständlich sprechenden Ersti zum sprachlich völlig entrückten Professor ist es ein langer Weg der Pein und der Frustration. Doch nach jahrelangem Training ist ein Wissenschaftler irgendwann angekommen – in der Parallelwelt der Universitätsbibliotheken und Hörsäle. Dort lebt er dann abgeschieden unter seinesgleichen in einer Intellektuellenblase, die er nur selten verlässt. Die Sprache der Alltagswelt vergisst er allmählich wie ein Auswanderer, der jahrzehntelang nicht mehr in seiner Heimat war. Nicht jedem tut das gut. Und so entlädt sich das Bedürfnis, auch mal über ganz normale Alltagsdinge zu reden, zuweilen an eher unpassender Stelle.

«Weil Du mich nicht verlassen hast» – die skurrilsten Widmungen und Danksagungen

Wer eine Doktorarbeit schreibt, leidet ganz besonders unter dem täglichen Bibliotheksterror: Umgeben von Forschungsliteratur, kloppen Doktoranden oft einen unverständlichen Satz nach dem nächsten raus, und das meist über Jahre. Doch dann, ganz am Ende, passiert häufig etwas Seltsames. Der sonst so sachlich argumentierende Autor wird plötzlich für ein paar Sätze verstörend privat. Er, der zuvor peinlichst genau jedes «Ich» in seinem Text vermieden hat, wird schlagartig übertrieben locker und offenbart in wenigen Worten tiefe, häufig zu tiefe Einblicke in sein Seelenleben. Anlass für diesen Sinneswandel ist die letzte Aufgabe, die er jahrelang herbeigesehnt hat und die sein Werk krönen soll: eine Widmung oder Danksagung, die am Anfang oder am Ende des

Werks stehen soll. Dabei hat die Widmung einen noch höheren Stellenwert als die Danksagung: Wer hier erwähnt wird, nimmt im Leben des Autors offenbar eine exklusive Stellung ein. Dank erhalten dagegen häufig auch Fachkollegen oder Verleger.

Doch anstatt einfach zu schreiben: «Für xy» oder «Dank an xy», schreiben Autoren von Schokoladensucht, Hormonen und Fußball, rekapitulieren Beziehungsdramen oder entschuldigen sich beim Ehemann dafür, dass sie ihn so vernachlässigt haben. Manch Doktorand dankt sogar seinem Haustier für die Treue in der schweren Zeit. Andere, wie der Politiker Otto Gauweiler, reden ihren Vater plötzlich mit «Herr Dr. jur.» an. Machen die Schreibqualen einer Doktorarbeit ihre Verfasser derart schrullig und einsam, dass sie gar nichts mehr merken? Oder freuen sich die Jungakademiker, dass sie endlich sprachlich so richtig die Sau rauslassen dürfen? Eine Antwort hat wohl nur die Tiefenpsychologie. Wir haben skurrile Widmungen gesammelt, denn sie stehen im schönen – und unterhaltsamen – Gegensatz zu den sonstigen sprachlichen Ergüssen der angehenden Wissenschaftler: Diese Arbeiten gelten Haustieren, Expartnern und Wasserflaschen.

Warum gewidmet und gedankt wird

Während Doktorarbeiten in der Regel von dreieinhalb Personen gelesen werden (dem Autor, dem Korrektor, dem Doktorvater, und zur Hälfte vom Zweitgutachter), sind die Widmungen und Danksagungen die wohl am meisten beachteten Sätze – Familie, Freunde und Kommilitonen lesen sie, in der Hoffnung, sich möglichst an prominenter Stelle und positiv erwähnt zu finden. Doktorväter, Eltern und Lebenspartner scheinen gar beleidigt zu sein, wenn sie nicht aufgezählt werden und ihnen für «Ansporn», «Anteilnahme», «Geduld», «Solidarität» und «Unterstützung» gedankt wird. Besonders populäre Adjektive sind «liebevoll» und «verständnisvoll». Immer wieder wird auch die Bereitschaft der anderen erwähnt, «auf vieles zu verzichten» oder «Opfer auf sich zu nehmen», fand der Rechtsprofessor Maximilian Herberger heraus, nachdem er viele Widmungen gelesen und gesammelt hatte.

Nicht immer geht es jedoch um Dank allein. Danksagungen sind auch zu einem Instrument der Selbstdarstellung und der Vernetzung geworden. Das Wissenschaftssystem ist seit den sechziger Jahren expandiert, irgendwann kannten sich viele Forscher nicht mehr persönlich. Mentoren, Kollegen oder auch Institutionen mit freundlichen Worten zu bedenken wurde zu einer Möglichkeit, sich in die Nähe von bekannten Größen des Fachs zu rücken. «Indem man dankt, wird deutlich, mit wem man auf welche Weise bekannt, verbunden oder vielleicht gar befreundet ist», schreiben Betina Hollstein und Yvonne Schütze in ihrer Abhandlung «Selbstdarstellungen in der Wissenschaft».

Aber nicht nur das. Wer angesehenen Kollegen für die Mitarbeit dankt, verleiht seiner eigenen Arbeit damit ein Gütesiegel. Andersherum kann eine Nennung auch demjenigen schmeicheln, der erwähnt wird. Je renommierter der Autor, umso mehr Ehre wird demjenigen zuteil, dem für die Mitarbeit gedankt wird. Namensnennungen in wissenschaftlichen Schriften sind also, ähnlich wie häufiges gegenseitiges Zitieren, ein System des wechselseitigen Glanzverleihens.

Bereits Carl Friedrich Bahrdt, Theologieprofessor im 18. Jahrhundert, soll seine Schriften Staatsoberhäuptern und Adligen gewidmet haben. Auch er bezweckte damit mehr als selbstlosen Dank: Um die Adligen überhaupt erwähnen zu können, fragte er sie vor der Veröffentlichung um einen kleinen Rat – und dankte ihnen dann im Vorwort für ihre «wertvolle Hilfe». Durch die Nennung der «Prominenten» wollte er den Verkauf ankurbeln. Dennoch war Bahrdt zu seiner Zeit eher die Ausnahme. Im 19. Jahrhundert erwähnten Wissenschaftler zwar etwas häufiger die Hilfe von Kollegen, private Beziehungen aber waren noch kein Thema.

Auch Anfang des 20. Jahrhunderts – Danksagungen waren

noch immer nicht die Regel – dienten sie einigen Wissenschaftlern als Mittel zum Zweck. So wie dem Soziologen René König, der 1946 mit seiner Danksagung in einer Aufsatzsammlung eine wissenschaftspolitische Botschaft loswerden wollte. Es war das Jahr nach dem Atombombenabwurf auf Hiroshima, und die soziologische Forschung steckte in Finanzierungsschwierigkeiten. Das nutzte König, um indirekt seinen Unmut darüber zum Ausdruck zu bringen, dass Naturwissenschaftler mehr finanzielle Mittel als die Sozialwissenschaftler erhielten, nur weil anwendbare Forschungsergebnisse – wie zum Beispiel die Atombombe – dabei herauskämen.

> «Ich spreche den verschiedenen Verlegern meinen herzlichsten Dank aus, dass sie der Übernahme in einen Sammelband keine Schwierigkeiten in den Weg legten. [...] Es ist eine Selbstverständlichkeit geworden zuzugestehen, dass der Naturwissenschaftler Mittel benötigt, um seine oft langwährenden, umwegreichen und kostspieligen Experimente durchzuführen – selbst wenn am Ende nur eine Atombombe dabei herauskommt. Seltsamerweise ist sich aber die öffentliche Meinung bei weitem nicht klar darüber, dass auch soziologisches Forschen auf ‹Laboratoriumsarbeit› angewiesen ist, die oft genug erst nach langem Bemühen positive Resultate zeitigt. [...]»[46]

Erst später, in den sechziger und siebziger Jahren, wurden Danksagungen in wissenschaftlichen Arbeiten ein Trend. 1989 enthielten bereits 90 Prozent der Habilitationsschriften Danksagungen.

Mit steigender Zahl an Bekundungen kam 1968 plötzlich noch ein weiteres Massenphänomen auf: die Widmung an die Ehefrau. Eine Folge der Emanzipation? Mag sein. Wurde die Frau zunächst noch gleichbedeutend mit Lehrern, Doktorvätern oder Wissenschaftskollegen genannt, stand bald nur noch ihr Name in der Widmung. Diese Entwicklung gipfelte schließlich darin, dass die Mitwirkung und Kritik der Frau als unabdingbar dargestellt wurde:

> «Den größten Dank schulde ich meiner Frau. Ohne ihre Mithilfe in Sache und Form wäre dieses Buch nicht erschienen.»[47]

Den Trend, der Ehefrau zu danken, machten auch die berühmten Philosophen Max Horkheimer und Theodor Adorno mit. Sie dankten gemeinsam der Ehefrau Adornos:

> «Bei der Fortbildung unserer Theorie und den anschließenden gemeinsamen Erfahrungen hat uns Gretel Adorno, wie schon bei der ersten Fassung, im schönsten Sinn geholfen.»[48]

Zum ersten Mal erwähnt wurde eine Frau übrigens von Julius Binder, der im Vorwort zu seinem Text «Die Rechtsstellung der Erben» von 1904 schreibt:

> «Das Quellen- und Sachregister zu den drei Bänden, das am Schluß des Werkes angefügt ist, ist von meiner Frau angefertigt worden, wofür ich ihr auch an dieser Stelle herzlich danke.»[49]

Schon bald nachdem Widmungen in Mode gekommen waren, machten sich die ersten Kritiker öffentlich über die neue Sitte lustig: «Man ist ja wirklich schon froh, wenn die obligate Widmung der Arbeit ‹in Dankbarkeit meinen Eltern und meiner lieben Frau› sich nicht auf einer Extraseite befindet, sondern nur im Vorwort», schreibt ein Wissenschaftler in der Fachzeitschrift DÖV. «Aber Hand aufs Herz, werte Kollegen», so der Wissenschaftler weiter. «Haben Sie schon einmal in diesem Zusammenhang von einer Frau gelesen, die nicht ‹lieb› ist?»[50]

Und der Leser eines «Zeit»-Artikels über Danksagungen kommentierte:

«Diese obligatorischen Danksagungen vor allem in US-Büchern finde ich richtig peinlich. Was interessiert mich, ob der Autor verheiratet ist? Was nützt mir die Information, dass seine drei- und fünfjährigen Kinder Jeremy und Ashley heißen? Und wofür in Gottes Namen bedankt sich ein Autor bei seinen Kindern? Ach ja, meistens wird die Begründung gleich mitgeliefert: ‹Weil ich ohne sie nicht die Kraft gehabt hätte›. So was bringt mich auf die Palme. Junge, wenn es für dich die Hölle bedeutet, ein Buch zu schreiben, dann lass es doch sein.»

Wer dankt wem wofür?

Manche Autoren danken überschwänglich jedem Hans und Franz. Andere halten sich zurück oder äußern sich so kryptisch, dass es außer dem Erwähnten keiner versteht. Jeder Wissenschaftler dankt anders. Eine Typologie.

Der Geheimnisvolle

Manchmal soll wohl nicht jeder verstehen, was mit einer Widmung gemeint ist. So macht sich der Autor, selbst wenn er eine todlangweilige Arbeit vorgelegt hat, interessant, zeigt er doch: Ich habe auch ein Privatleben, und immerhin das ist ziemlich schräg. Wie bei diesem rätselhaften Satz:

«Daniel, ...?», «ja, euch beide.»[51]

Und ob sich ein Roman Müller in dieser Widmung treffend dargestellt fühlt, bleibt offen:

«[...] der mit mir die Tage in der deutschen Bibliothek geteilt hat und mein geschätzter Gesprächspartner für alle Aspekte von Akteursmodell bis Entspannungsbier war.»[52]

Ein anderer macht es noch ein bisschen geheimnisvoller. Was er Ska, mutmaßlich seiner Freundin, verdankt, will er öffentlich nicht verraten. Na, dann soll er ihr es doch persönlich sagen.

«Im Übrigen hätte meine Beschäftigung mit Klatsch, diesem obskuren Objekt der Begierde, ohne Ska Wiltschek zu keinem greifbaren Resultat geführt, – doch was ich ihr verdanke, entzieht sich seiner Formulierung in einer öffentlichen Dankessprache.»[53]

Auch hier werden mehr Fragen aufgeworfen als beantwortet: Ihr ganz eigener Beitrag? Viele Dinge? Neue Projekte?

> «Ganz besonders aber möchte ich an dieser Stelle Iris Brandts
> für ihren ganz eigenen Beitrag dabei danken, dass viele Dinge,
> nicht nur das Buch, einen guten Schluss gefunden haben und
> nun neue interessante Projekte begonnen werden können.»[54]

Der scheinbar Bescheidene

Er tut so, als sei er kein Einzelkämpfer, sondern ein Teamplayer. Er schreibt die Leistung seiner Arbeit nicht sich selbst zu, sondern den vielen Erlebnissen und Gesprächen mit anderen, denen er zum Dank verpflichtet wäre, wenn er sich doch bloß an die Namen erinnern würde! Aber, ach, gehören Gedanken uns nicht allen gleichermaßen?

> «Das Prinzip des Privateigentums, das den Stadtplanern so viel
> Kopfzerbrechen macht, herrscht auch im Reich des Geistes. Auch
> wo Gedanken geäußert werden, erwarten wir stets, dass sie be-
> stimmten Personen zugeordnet werden können. Man will wissen,
> wem sie gehören, geradeso als ob sie Grundstücke, Produktions-
> mittel oder Haustiere wären. Ein Autor, der keine Lizenzgebühren
> aus einem Patent einstreicht, darf wenigstens erwarten, dass
> ihm durch pedantisches Zitieren Reverenz erwiesen wird. Leider
> verhalten sich aber Gedanken anders als Haustiere. Eher schon
> gleichen sie Rudyard Kiplings ‹Katze, die ihren eigenen Weg
> geht›. Man weiß oftmals nicht, wo sie sich herumgetrieben ha-
> ben, bevor sie bei einem zu Gast sind. Danach machen sie sich
> wieder auf den Weg, und trotz aller ‹Zitatpflicht› hat man nicht
> in der Hand, was aus ihnen wird. So ist es auch in diesem Buch,
> in dem Erlebnisse, Gespräche und Lektüre aus einer Reihe von
> Jahren ihren Niederschlag gefunden haben, nicht möglich, jeden
> einzelnen, dem ich zu Dank verpflichtet bin, angemessen zu nen-
> nen. Nur einige Namen seien erwähnt. [...]»[55]

Frauenkram

Sie können nicht aufhören zu quasseln. Oder wollen sie es einfach jedem recht machen? Einige Frauen – klar, Klischee – danken zahllosen Leuten, von ihrer Schwester, «die mich zu manch netter Kaffeejause lud», bis zum Mineralwasserlieferanten. So wie Daniela Moll, die eine Dissertation in Biochemie vorlegte. In der Danksagung werden über hundert Personen erwähnt, unter anderem:

> Die «Mädels aus dem Dipl-Doc Raum (auch liebevoll Hormonzimmer genannt)», in dem ihre «Schokoladensucht auf vollstes Verständnis traf». Natürlich auch Antje Badel für ihr «liebes Lächeln» und nicht zu vergessen die «Donnerstags-Spiele-Truppe», die Sporttrainerin, die Frauen im «Montags-Nähkurs», Sonja Schweinsberg, die nun von den Blumen der Doktorandin vermisst wird, und die «Schwiegerfamilie» («Ihr habt mich vom ersten Tag an in Eure Familie aufgenommen»). Der wichtigste Dank gilt natürlich ihrer «besseren Hälfte Oli(ver)».[56]

Oder Rita Hassenrück, der dieser besondere Dank von Sebastian Lages zuteilwird:

> «[...] die unermüdlich meine Mineralwasservorräte aufgestockt hat und ohne die ich verdurstet wäre.»[57]

Männersachen

Lieber als ihre Kaffeemädels erwähnen Männer ihre Bierfreunde oder die Fußballmannschaft. Einer zum Beispiel dankt dem ersten Fußballclub Kickers WiWi für das «wöchentliche Fußballspiel, welches mir den notwendigen sportlichen Ausgleich zur wissenschaftlichen Tätigkeit verschaffte»[58].

Als Profi outete sich ein ehemaliger Studienkollege des Rechtsprofessors Thomas Hoeren an der Universität Münster: Als er seine Dissertation abtippen ließ, bat er die Sekretärin, gleich mehrere unterschiedliche Widmungszettel erstellen zu lassen: für seine Mutter, seine Schwiegermutter, seine Frau und seine Geliebte.

Der unendlich Dankbare

Manch frisch Promovierter ist so dankbar, dass er damit gar nicht mehr aufhören kann. So breitet ein Mediziner auf eineinhalb Seiten seine blumigen Worte aus. Er verteilt umfangreiche Liebesbekundungen, orthographisch zwar nicht ganz einwandfrei, dafür aber besonders herzlich:

> Die Eltern, die «gemeinsam mit meinem Bruder meine innere Ausgeglichenheit und Stärke aufgebaut und gefestigt» haben. Prof. Lerch, der, «obwohl er eigentlich nie richtig viel Zeit hatte», «sich jederzeit Zeit für mich genommen hatte». Der Dank gilt auch den drei Freunden, die «immer für einen guten Scherz im Labor» zu haben waren. «Die hoch philosophischen Unterhaltungen mit Herrn Simon» werden ihm fehlen – «Ich weiss mein Glück zu schätzen. Ich danke Ihnen allen.» Und dann – last but not least – Freundin Katja: «Ich weiss, dass ich sie zu weilen sehr strapaziert und vieles unbewusst von ihr vorausgesetzt habe, was nicht immer selbstverständlich war. [...] Ich möchte mich hiermit für ihre unausschöpfbahre Liebe und für ihre Kraft in diesem Rahmen ganz herzlich bei ihr bedanken. Ich liebe dich; Danke ......!!!»[59]

Auch die ehemalige Familienministerin Kristina Schröder bedankt sich artig und ausgiebig bei Eltern, Bruder und Ehemann:

> «Meiner Familie verdanke ich ohnehin so vieles. Meine Eltern haben maßgeblich mein Studium finanziert und mich auch sonst in jeder Weise unterstützt. Hätten sie mir in den vergangenen Jahren nicht so viele Pflichten des Alltags abgenommen, läge diese Dissertation jetzt noch nicht vor. Zusammen mit meinem Bruder haben sie mich durch ihr Interesse an meinen Ergebnissen immer wieder angespornt. Meine Eltern haben diese Arbeit von der ersten bis zur letzten Seite gelesen und ihre Rechtschreibung über-

prüft. Ihnen ist diese Dissertation gewidmet. Ole Schröder hat diese Arbeit von Anfang an begleitet. Jede wichtige Aussage dieser Arbeit habe ich mit ihm diskutiert. Das Resümee sähe ohne ihn anders aus. Ihm verdankt diese Dissertation sehr viel.»[60]

Der Familiengründer

Ach so! Es wurde also nicht nur gearbeitet. Wer hätte das gedacht? Hier wurde zum Beispiel neben Texten auch ein Baby «produziert»:

> «In der Zeit, in der diese Aufsätze entstanden sind, habe ich nicht nur Texte produziert, sondern (natürlich mit meiner viel beteiligteren ‹Ko-Autorin› Annette Großlohmann) auch etwas mit Hand und Fuß. Er heißt Moritz. Ihm widme ich dieses Buch.»[61]

Auch die Soziologin Jutta Allmendinger wurde offenbar während ihrer Habilitation schwanger:

> «Stefan Leibfried hat diese Arbeit begleitet und in Rat und Tat versucht, Sozialpolitik und Lebensverlauf in ein Gleichgewicht zu bringen. Ich danke ihm und freue mich auf die zukünftigen Störungen von Philipp Laurids, der die vorliegende Arbeit nur begrenzt mit seinem ‹Faden des Lebens› verwirren konnte.»[62]

Motivation, Hilfe, ein eigener Job und noch zwei Geburten – dieser Frau gebührt Dank. Und erst den Kindern, die ihre ersten Lebensjahre «absolvieren mussten»:

> «[...] dass meine Frau Maria trotz familiärer Beeinträchtigung und eigenen beruflichen Engagements mich fortwährend unterstützte, motivierte und mir über Längen und Durststrecken hinweghalf, unsere beiden Kinder Christof und Lukas in dieser Zeit geboren wurden und ihre ersten Lebensjahre absolvieren mussten, legt nahe, den dreien die Arbeit mit herzlichem Dank zu widmen.»[63]

Der Entschuldiger

Erwähnungen sollen zuweilen auch Enttäuschungen wieder gut-
machen: So wie die Widmung einer forstwirtschaftlichen Dissertation an eine Mutter, die traurigerweise wegen der Doktorarbeit
«[…] viele Stunden, Tage, Wochen und Monate auf meine Anwesenheit daheim verzichten musste.»[64]

Ob Herr Dr. Hubert Röder, dem diese Widmung gilt, schon durch-
gedreht ist?

«So musste er fast ohne mich einen ganzen Umzug alleine durch-
führen, eine neue Wohnung renovieren, sich zusätzlich um unseren gemeinsamen Hund kümmern und war aber dennoch jeder-
zeit für mich da, wenn ich seine Hilfe brauchte.»[65]

Hier gab es Stress:

«Zum Abschluss bleibt noch zu sagen, dass die Zeit, in der man
an einer Habilitationsschrift arbeitet, für die, die mit einem leben, zweifellos oft strapaziös ist. Die teils euphorische, teils ver-
zweifelte Besessenheit, von der man phasenweise ergriffen ist,
die Tendenz, alles andere hintan zu stellen, der ungerechte Ärger
auf alles und jeden, wenn es nicht weitergeht oder einen andere
Dinge vom ‹Eigentlichen› abhalten – all dies macht Habilitanden
wohl gelegentlich zu unerträglichen Zeitgenossen. Mein besonderer Dank gilt deshalb Werner Sahr, der mich in dieser Zeit
begleitet hat und den langen Atem hatte, manche Dramen vorbei-
gehen zu lassen. Ihm ist dieses Buch gewidmet.»[66]

Und Comedian Eckart von Hirschhausen widmete seine Doktorarbeit im Fach Medizin auch den Schweinen, die dafür sterben
mussten:

«Meinen Eltern, die mir Leben schenkten, meinen Großeltern im
Gedenken, meinen Freunden für ihre Geduld, und dem menschlichen Leben, welches zu fördern die Schweine ihr Leben ließen.»[67]

Der Steife

In welchem Verhältnis wohl der CSU-Politiker Peter Gauweiler zu seinen Eltern steht, wenn er seine Dissertation nicht seinen Eltern, sondern «Herrn Dr. jur. Otto Gauweiler» und «seiner Frau Hildegard» widmet? Ob er seine Mutter auch mit den Worten vorstellt: Das ist die Frau von Dr. jur. Otto Gauweiler?[68]

Der Postmoderne

Warum nicht dazu stehen, dass einem die Mitbewohner oder das Haustier am nächsten sind, und die WG erwähnen?

> «[...] für den Zuspruch, die Ablenkung, den Spaß, für die Freundschaft und den Zusammenhalt, den sie mir geschenkt hat.»[69]

Oder Hund Obelix, dem nicht nur für die «kontinuierliche Unterstützung und Motivation auch während meiner langen Krankheitsphase» gedankt wird, sondern auch Dank dafür gebührt, dass er «auch stets geduldig seine Krallen für makroskopische Betrachtung zur Verfügung gestellt hat».[70]

Nachgefragt

Kaum ein Leser erfährt, was ein Autor mit manch kryptischer Widmung mitteilen wollte. Was ist aus der Liebe geworden, die arg gelitten hat? Und wie kommt jemand dazu, die Arbeit sich selbst zu widmen? Wir haben nachgefragt.

Carsten Gradl, heute Richter in Berlin, schrieb 1992 an der Uni Frankfurt seine Dissertation zu dem Thema «Umweltgefährdende Abfallbeseitigung». Während andere sich über die Widmung den Kopf zerbrechen, hielt es Gradl bei der Einreichung seiner «strafrechtlichen Studie zu § 326 StGB unter Berücksichtigung von Kriminologie und Kriminalistik» recht schlicht. Seine Widmung lautet: «Für mich.»

Wie kam es dazu? «Die Entscheidung für die Widmung kam

eher spontan», sagt Gradl heute. «Ich dachte mir, für wen ist die Arbeit denn sonst, wenn nicht für mich? Ich hatte damals eine Stelle an der Uni und habe mir damit die Promotion selbst finanziert. Meine Eltern und mein Prof fanden die Widmung nicht so lustig. Aber für mich hat sie gepasst.»

Historiker Friedrich Lenger, heute Hochschullehrer an der Universität Gießen, schrieb Mitte der Achtziger in seiner Arbeit:

> «Last but not least danke ich Ellen Erdmann, die weder meine Strümpfe stopfte noch meine Manuskripte tippte und sich bis heute nur wenig für die Geschichte der Düsseldorfer Handwerker interessiert. Dieses Buch hätte gut ohne sie geschrieben werden können; es wäre nur eher fertig geworden.»

Hat er sich von Ellen Erdmann getrennt, weil sie ihn nicht genug umsorgte? Man könnte es vermuten, doch es war anders: Als Friedrich Lenger die letzten Worte seiner Dissertation schreiben wollte, merkte der damals 27-Jährige, wie genervt er von den ganzen Lobhudeleien in den Widmungen war. Diese ritualisierten Sprüche wie «Ohne xy hätte ich es nicht geschafft» hingen ihm zum Hals raus. Er wollte dem etwas entgegensetzen.

Mit dem Satz, sein Buch wäre ohne seine damalige Freundin Ellen eher fertig geworden, wollte er, so erzählt er es im Rückblick, sagen: Ich hätte vielleicht schneller gearbeitet, aber es gibt noch andere wichtige Dinge auf der Welt neben der Wissenschaft. Und dass die Physiotherapeutin Ellen sich nicht für den Inhalt seiner Dissertation interessierte, fand er in Wahrheit ziemlich gut: «Wir haben zu Hause einfach nicht darüber gesprochen. Es ist vielleicht auch nicht immer von Vorteil, wenn man nur über den Beruf redet», sagt er.

Er habe mit seiner Widmung keinesfalls Defizite beschreiben wollen. Nur: Alle anderen hätten es so verstanden. Kollegen pflichteten ihm bei. («Ich war auch mal mit einer Frau zusammen, die sich gar nicht für meine Arbeit interessiert hat.») Lenger fühlte sich missverstanden. Nur Ellen, die wusste, was er damit meinte. Und für sie war die Widmung ja schließlich gedacht.

Etwas kryptisch klingt die Widmung in der Habilitation von **Frank Pfetsch** aus dem Jahr 1974:

> «Für die mühevolle Arbeit des Schreibens von Texten und Tabellen danke ich Fräulein K., Frau P. und Fräulein H. Nicht nur aus diesem Grunde ist Helga H. jetzt meine Frau.»[71]

Heute sagt Frank Pfetsch, inzwischen emeritierter Professor an der Uni Heidelberg:

«Fräulein (wie man damals sagte) Kaiser war Sekretärin am Lehrstuhl Prof. Wildenmann der Universität Mannheim, Frau Plenkers war Sekretärin im Dekanat der philosophischen Fakultät der Uni Heidelberg. Beide Frauen haben also Schreibarbeiten an meiner Habilitationsschrift verrichtet. Helga Höfert war erst Studentin, dann Referendarin, dann Studienrätin in Mannheim und Heidelberg. Sie ist jetzt meine Frau.»

So widmet man richtig

Die Beispiele zeigen: Widmungen und Danksagungen machen zwar nur wenige Worte eines Buches aus, können aber unangenehme Folgen haben: Beziehungsstress, Fremdschämen oder Kollegenlästereien. Wer wem wofür dankt, bleibt natürlich jedem selbst überlassen. Generell gilt jedoch: Bescheidenheit ist auch in der Wissenschaft ein hohes Gut. Peinlich wird es vor allem dann, wenn ein unbekannter Nachwuchswissenschaftler seine Promotion einer Koryphäe widmet, der er eigentlich nicht das Wasser reichen kann. (Einzige Ausnahme: Er ist mit dieser Koryphäe verwandt.) Und: Der Autor sollte nichts schreiben, was er in einigen Jahren bereuen könnte. Das gedruckte Werk wird lange verfügbar sein. Sind seine Gedanken zu Lebensabschnittspartnern, Haustieren oder politischem Zeitgeschehen genauso dauerhaft? Nicht alles muss veröffentlicht werden. Ganz persönliche Danksagungen können als Alternative handschriftlich in dem Buch verewigt werden, das der Bedachte geschenkt bekommt.

Du bist, was du schreibst – die lächerlichsten Bewerbungen von Uni-Absolventen

Zum Crash zwischen akademischer Welt und Wirklichkeit kommt es häufig, wenn Studenten nach ihrem Abschluss einen Beruf außerhalb der Uni wählen. Sie bewerben sich in Unternehmen, bei Behörden oder Organisationen. Tja, und da müssen sie dann mit «normalen» Leuten kommunizieren. Und seien es erst einmal nur ihre potenziellen Vorgesetzten.

Der erste Schritt in jeden Job ist ein Bewerbungsschreiben. Von seiner besten Seite will man sich darin zeigen, klar. Und aus der Masse hervorstechen. Mit einigen geht dabei die Sprache durch. Wir haben nachgeschaut, welche Satz-Monster und Substantivierungen Juristen in ihren Bewerbungen ablassen. Wie skurril und umständlich sich BWLer ausdrücken. Und was so mancher zukünftiger PR-Berater sprachlich verzapft. Aus diesen echten Bewerbungsschreiben zitieren wir hier – anonym, aber ungeschönt.

Der Einstieg ist entscheidend. Er muss den Leser in den Text ziehen. Warum nicht einfach mal mit einem fröhlichen «Hurra» beginnen?

«Hurra, endlich mal eine Stellenbeschreibung, die mich richtig anspricht. Für mich ist es immer wieder spannend, Schnittstellen zwischen Journalistik und PR auszuloten und dabei das optimal Erreichbare anzustreben. Nach einer kommunikativen Grobabstimmung taste ich mich gerne selbständig an die Aufgaben heran, um zeitnah belastbare Ergebnisse zu liefern.» (Studium der Philosophie, Germanistik, Anglistik)

Wünsche wecken, die der Konsument noch gar nicht hat.

Das ist es doch, was gutes Marketing ausmacht. Warum nicht sich selbst als Produkt sehen. Dieser Bewerber, der Trainee in einer Online- und PR-Redaktion werden will, hat es drauf. Er hat übrigens Soziologie studiert.

«Ich habe da ein Problem mit diesem Anschreiben. Ich möchte gerne mindestens ein Trainee-Programm bei xy absolvieren, viel lieber noch, perspektivisch als Consultant tätig werden und bin mir sicher, dass das eine gute Sache für alle Beteiligten wäre. Nur wissen Sie das noch nicht.»

Und jetzt! Von der eigenen Einzigartigkeit überzeugen! Weiter geht's:

«Das prinzipiell ein Bewerbungsgespräch das erste Etappenziel einer Bewerbung ist und somit der Wunsch nach eben diesem auch kein Geheimnis sein kann, ist mir bewusst. Warum nun trotzdem der forsche Einstieg und die explizite Bitte um dieses Gespräch? Weil ich bisher von keiner Stellenausschreibung so überzeugt wurde, wie von dieser und das Gespräch wirklich will.»

Ah! Dieser Bewerber hat tatsächlich alle Eventualitäten fest eingeplant. Und das alles in einem Satz. Ein echter Soziologe eben:

«Ich bin topmotiviert, kerngesund und fähig, wenn Sie mir also perspektivisch ermöglichen wollen, eine Familie in gesichertem Wohlstand zu ernähren, gelegentlich meine noch nicht vorhandenen Kinder bei Tageslicht sehen zu können und mich beruflich zu entwickeln, dann würde ich mich sehr gerne persönlich vorstellen und unterstreichen, dass ich eine Bereicherung sein kann, die Potential hat und nun einem neuen Arbeitgeber langfristig aufrichtige Loyalität und großes Engagement für Möglichkeiten bietet.»

Ach, was sind schon Anschreiben, googeln Sie mich einfach!

Dieser BWL-Absolvent macht es kurz:

«Einen weiteren schnellen Überblick meiner Aktivitäten dokumentiert eine kurze Google Recherche mit den Suchbegriffen ‹Thomas Müller (Name geändert)› + xy (voriger Arbeitgeber).»

Vorsicht! Künftige Kollegen können sich sicher sein, dass dieser Redakteur die Sprachpolizei des Hauses sein wird:

«Ich fühle mich in der vernetzten Welt von heute zu Hause, egal ob in Social-Media oder klassischen Online-Medien, bin dabei aber ein Freund korrekten Deutschs geblieben und erfreue mich trotz der regen Weiterentwicklung unsere Sprache an regelgerechter Nutzung derselben.»

Sprachgewandt gibt sich auch dieser Bewerber, offenbar ein Mensch mit unbegrenzter Begeisterung:

«Das von Ihnen ausgeschriebene Stellenprofil trifft voll und ganz auf meine Person zu. Sie gewinnen mit mir einen kreativen und innovativ denkenden Mitarbeiter, dessen persönliche Begeisterung auch durch auftretende Phasen besonderer Belastung nicht begrenzt wird.»

Diese Rechtsanwältin hätte auch das Zeug für eine Tätigkeit im Marketing:

«Da ich selbst als Rechtsanwältin tätig bin, bin ich es gewohnt, Strategien und Taktiken für das rechtliche Vorgehen außergerichtlich sowohl als auch gerichtlich auszuarbeiten und umzusetzen. Dabei setze ich den Fokus auf die pragmatischste aller Lösungen, um eine win-win-Situation für beide Seiten zu erzeugen, da sich dieses Handeln als am effizientesten erweist. Natürlich immer mit einem gesetzeskonformen Hintergrund.»

Aha, die Rechtsanwältin hält sich also an das Gesetz. Das ist beruhigend zu wissen. Sollte aber eigentlich selbstverständlich sein und hat keinen Platz in einer Bewerbung.

Umweltschutz, na klar! Was sonst könnte dieser Bewerber studiert haben?

«Ein besonderer Schwerpunkt liegt generell in der Prozessoptimierung, da mir eine Vergeudung von Ressourcen generell zuwider ist.»

Oh, ein Schreiberling. Das hört sich irgendwie an wie eine seltene Käferart.

«Ansonsten verfüge ich über eine schnelle Auffassungsgabe, arbeite gerne im Team und betätige mich gerne als Schreiberling.»

Typisch Verkäufer!

Die Beschreibung des Unternehmens hat diesen Diplom-Betriebswirt, der sich als «Sales Manager» bewirbt, «von Anfang bis Ende gefangen genommen». Er kann sich vorstellen, im Team «aufzugehen». Na, wenn das mal kein Standardanschreiben ist, das an hundert Unternehmen rausging …

«Die Beschreibung Ihres Unternehmens und der ausgeschriebenen Stelle sowie Ihre Ansprüche und die damit verbundenen Möglichkeiten haben mich von Anfang bis Ende gefangen genommen. Ich kann mir sehr gut vorstellen, in Ihrem Team aufzugehen und gemeinsam die Ziele der Kunden zu erreichen und zu verwirklichen.»

Und dieser Jurist verkauft seine Seele:

«Ich arbeite gründlich, pragmatisch und immer zielorientiert. Etwas unerledigt zu lassen entspricht nicht meiner Art. Arbeitstage enden bei mir, wenn die gestellten Aufgaben und Problemstellungen fertig bearbeitet sind, wobei bei mir der Samstag ein Arbeitstag ist.»

Zu einer Bewerbung gehört ein Lebenslauf.

Dieser Jurist weist dennoch «höflichst» auf diesen hin. Das hört sich an, als lebe der Bewerber im vergangenen Jahrhundert. Interessant ist auch zu erfahren, was er selbst an sich schätzt. Yeah, selbstbewusst auftreten! Das gehört sich für einen Juristen. Zeigen, wie gut man sich selbst findet!

«Ich selbst schätze mein Verantwortungsbewusstsein und meine Begeisterungsfähigkeit für die Sache. Um Ihnen jedoch einen detaillierteren Eindruck von mir zu vermitteln, weise ich höflichst auf den anliegenden Lebenslauf hin. Der Eintritt in Ihr Unternehmen kann zeitnah erfolgen.»

Diese Bewerbung eines Juristen klingt mehr nach Gesetzestext denn nach erfolgreichem Selbstmarketing:

«Aus verschiedenen Übernahmeangeboten und der Überwachung der Erfüllung von Mitteilungspflichten verfüge ich darüber hinaus über umfangreiche Kenntnisse des Wertpapierhandels- und Übernahmerechts.»

Mensch, ihr Rechtswissenschaftler, benutzt doch mal ein ehrliches Verb!

Auch dies ist ein gesetzestextähnliches Bewerbungsschreiben:

«Den laufenden, meine Schwerpunkte betreffenden Stand der Gesetzgebung und Rechtsprechung kenne ich, da insoweit die kontinuierliche Wissensaktualisierung zu den Pflichten eines zugelassenen Rechtsanwaltes gehört. (...) Insbesondere die Möglichkeit der weiteren Spezialisierung bei bestehender Vielgestaltigkeit der von Ihnen angebotenen Stelle reizt mich.»

Puuuh, das muss man zweimal lesen. «Bei bestehender Vielgestaltigkeit» ... Einfacher: Man legt als Personalchef die Bewerbung direkt zur Seite.

Beim folgenden Einstieg in ein Bewerbungsschreiben war ebenfalls unübersehbar ein Jurist am Werk:

«Gerne beziehe ich mich auf die Anzeige im Internet für obige
Position.»

Abgesehen davon, dass jeder Bewerber wohl irgendwo die Anzeige gesehen haben muss und der Verweis auf dieses «Internet»
eine völlig überflüssige Information ist, ist der Satz einfach nur
umständlich und altbacken.

**Ein Satz, ein Gedanke. Das lernt man offenbar nicht im Ge-
schichts- und Psychologiestudium.**

«Ich bin ein sozial engagierter Mensch mit einem hohen Maß an
Eigeninitiative, ich kann mir Ziele selbst definieren und erreichen,
viel leisten, Stress positiv erleben, gut planen und organisieren,
auch unter Zeitdruck gute Resultate erzielen sowie mich voll und
ganz einbringen.»

Achtung, ein Poet, ein Poet!

Dieser angehende Redakteur für Online und PR treibt die bild-
hafte Sprache auf die Spitze:

«Surprise: Meine größten persönlichen Erfolgserlebnisse bestehen darin, einem Menschen etwas Wertvolles gegeben zu haben
– sei es ein opulenter Bildband, ein spannender Kalender, ein
eindrucksvolles Bild, ein toll verpacktes Geschenk, ein ernstes
Lob oder ein guter Rat – das Leuchten in den Augen ist meine
Triebfeder, die Überraschung mein Bonbon!»

Ein besonders aufopferungsvoller Jurist (Jahrgang 1947) schreibt:

«Dank meiner ausgezeichneten Gesundheit werde ich meinen
Beruf auch nach dem Beginn des Rentenalters noch mindestens
weitere zwanzig Jahre uneingeschränkt bzw. bis 2032 ausüben
können, wie das in den USA üblich ist.»

Und das ist schon fast Satire:
> «Meine juristischen Kenntnisse werden durch meine mannigfalti-
> gen sprachlichen Fähigkeiten komplettiert.»

Mannigfaltig – was für ein angestaubtes Wort. Komplettiert –
das klingt, als hätte da jemand einen Stock verschluckt. Mensch,
schreib doch einfach, dass du Englisch, Spanisch, Französisch
oder weiß der Kuckuck was fließend sprichst.

«Win-win-Situation» – wahrlich kein schönes Wort.

Aber wenn man es benutzt, muss man es auch nicht um jeden
Preis erklären. Aus der Bewerbung um eine Stelle als PR-Fach-
kraft:
> «Neben einem gesunden Selbstvertrauen verfüge ich auch über
> Durchsetzungsvermögen und strebe gerne win-win Situationen
> an, denn wenn beide Seiten einen Gewinn haben, ist die Zu-
> friedenheit nachhaltig und der Wunsch wieder miteinander zu
> arbeiten am Größten.»

Und welche Fachrichtung war hier am Werk?

Wer schreibt wohl:
> «Im Hinblick auf einen Einstellungstermin käme mir eine Aufnah-
> me der Beschäftigung ab dem 01.03.2013 entgegen.»

Anstelle von: «Ich könnte ab dem 1.3.2013 in Ihrem Unternehmen anfangen.» Na? Auflösung auf Seite 116 ff.

Nützliches für den (Uni-)Alltag

Wie man unverständlich schreibt, zeigen die Beispiele in diesem Buch. Wie man verständlich schreibt, zeigen die folgenden Tipps.

Schreibtipps für Klartexter

Wie man das Beste aus einem Text rausholt:

1. Verstehen ist der Anfang

Einen übersichtlichen, gut verständlichen und prägnanten Text zu schreiben bedeutet Arbeit. Denn verständlich zu schreiben setzt voraus, dass der Autor den Sachverhalt verstanden hat. Um Inhalte wirklich zu durchdringen, braucht man Zeit und Konzentration beim Lesen und bei der Recherche. Wer Literatur nur nacherzählt und zitiert, läuft Gefahr, Unverständliches einfach zu wiederholen. Inhalte zuerst für sich selbst zu übersetzen und dann in eigene Worte zu fassen ist zwar schwieriger und aufwendiger, aber im Ergebnis besser.

Wer extrem unverständliche Texte paraphrasiert, sie also umformuliert, um Argumente zu übernehmen, sollte aus langen Sätzen mehrere kurze machen. Es kann auch schon helfen, die Satzstruktur durch Umstellen zu vereinfachen. Fremdwörter sollte man nachschlagen und durch verständlichere Begriffe ersetzen – sofern die Aussage dadurch nicht an Genauigkeit verliert.

2. Sortieren – sich selbst und die Inhalte

Es mag Menschen geben, die unheimlich viel im Kopf sortieren können. Es mag Autoren geben, die einfach drauflosschreiben und perfekt strukturierte Texte fabrizieren. Die meisten können das jedoch nicht. Tun sie es doch, verlieren sie sich in der Masse an Informationen wie ein Seemann, der ohne Kompass den Ozean überqueren will. «Die meisten schreiben so, wie die Synapsen im Gehirn sie leiten, also nichtlinear», sagt Gunter Kreutz, Professor für Systematische Musikwissenschaften an der Universität Oldenburg, ein Kritiker der komplizierten Ausdrucksweise an Unis.

Bevor man anfängt zu schreiben, sollte man also eine Gliederung erstellen, je sorgfältiger, desto besser. Und je länger der Text ist, umso wichtiger ist sie, damit man nicht den Faden verliert. Die Gliederung ist so etwas wie eine Wegbeschreibung zum Ziel.

Doch wie entsteht eine gute Gliederung? Ein Anfang kann sein, erst einmal physisch aufzuräumen. Durch unterschiedliche Dokumente, die man im Computer anlegt. Durch Zettel, die man auf dem Tisch ausbreitet. Die unterschiedlichen Seiten werden dann beschriftet, zum Beispiel mit: Einleitung, Fragestellung, Hintergrund, Empirie, Ergebnis. Dann ist es hilfreich, alle Gedankenschnipsel, Argumente, Zitate, Autoren und Aufsätze auf das Blatt zu schreiben, zu dem sie inhaltlich am besten passen. Anschließend wird sortiert. Was gehört zusammen? Was ist sehr wichtig, braucht also mehr Raum? Was ist eine Randnotiz? Was ist vielleicht völlig überflüssig? Was fehlt noch? Nach und nach ergeben sich ein grober Überblick, dann eine erste Gliederung und schließlich das Gerüst für die Arbeit. Kapitel für Kapitel wird nun mit Inhalt gefüllt. Es muss nicht sofort sprachlich perfekt sein, vielen hilft es, einen ersten Entwurf anzufertigen, an dem sie dann feilen.

Wichtig ist bei jedem Schritt, den Überblick über die Quellen nicht zu verlieren. Am besten immer gleich dazu zu schreiben, woher ein Gedanke, ein Zitat oder eine Information kommt. Nein, das merkt man sich nicht. Wirklich nicht.

3. Sprache passt sich an

Das mag merkwürdig klingen; es lohnt sich aber, es auszuprobieren: Schreibtrainer empfehlen, vor dem Schreiben zwei Seiten gut formulierten Text zu lesen – aus einem Roman, einem Zeitungsartikel oder einem verständlichen Wissenschaftstext. Bloß nicht die sprachlich abgedrehten Aufsätze eines Professors! Der Inhalt ist dabei egal, es geht um die Formulierungen, den Aufbau und die Satzstruktur. Denn: Die eigene Sprache und Ausdrucksweise passt sich an das an, was man zuvor gelesen oder gehört hat.

4. Mut zur Lücke

Gleich zu Beginn sollte der Autor rigoros aussortieren: Nur das Wesentliche darf in den Text, alles andere muss raus. «Die besten wissenschaftlichen Aufsätze sind diejenigen, in denen nichts Überflüssiges steht und in denen nicht über Dinge schwadroniert wird, die nicht im Fokus der Forschungsfragen stehen», sagt Musikwissenschaftler Gunter Kreutz. Als besonders anstrengend empfindet er «negativen Sprachgebrauch»: All das zu nennen und zu beschreiben, worum es *nicht* geht. Und dann auch noch langatmig zu diskutieren, *warum* es gerade darum nicht geht. Denn, so Kreutz: «Mit jedem dieser Sätze wird es schwieriger, dorthin zu gelangen, worum es *eigentlich* geht.»

5. Füllwörter streichen

Alle Ausdrücke streichen, die unnötig sind, empfiehlt der Journalist Wolf Schneider. Dazu gehören: an sich; bekanntlich; bestimmt; dann und wann; gänzlich; gemeinhin; gewissermaßen; indessen; irgendein; irgendwo; irgendwie; irgendwann; mehr oder weniger; mithin; nichtsdestoweniger; quasi; relativ; schlichtweg; selbstredend; sowieso; sozusagen; wirklich; wohlgemerkt; zugegeben.

6. Superwörter hinterfragen

«Diskurs», «Komplexion», «Wissensgesellschaft». Jede Disziplin verfügt über gesetzte Großbegriffe, hinter denen Theoriekomplexe stehen. Wer sie verwendet, signalisiert: Ich kenne das, ich verstehe das, ich beziehe mich darauf. Doch man sollte sich nicht hinter derlei «Supersubstantiven», wie der Schweizer Historiker Valentin Groebner sie nennt, verstecken, sondern sie mit eigenen Worten erklären. Stattdessen können Studenten ruhig mutig und selbstbewusst so formulieren, wie sie Texte selbst gern lesen und vor allem gut verstehen würden.

7. Achtung, Schachtel!

Verschachtelte Sätze haben kaum eine andere Funktion, als den Lesefluss zu behindern. Deshalb sollte man sie vermeiden. «Professoren können damit Studenten tyrannisieren», sagt Sprachkritiker Wolf Schneider. Häufig sei sogar eine diebische Freude des Autors im Spiel, «zu wissen, dass nicht nur er zehn Minuten gebraucht hat, um seinen Satz zu verschachteln, sondern dass auch sein Leser zehn Minuten für die Entschachtelung brauchen wird».

8. Zur Not: Fußnoten füllen

Fußnoten helfen, die klare Linie eines Textes beizubehalten. Der Autor kann so den Haupttext schlank halten, wichtige Querverweise ausgliedern und dabei trotzdem zeigen: Dieses und jenes Buch beinhaltet auch Material zu dem gerade angesprochenen Aspekt. Diese Methode empfiehlt der Historiker Valentin Groebner. (Wenn sich die Leser dann fragen: Hat der das wirklich alles gelesen? Umso besser!)

9. Der letzte und wichtigste Durchgang: die Redigatur

«Für mich sind komplizierte Sätze Ausdruck von Faulheit beim Redigieren», sagt Musikwissenschaftler Gunter Kreutz. Er rät,

Arbeiten zwei Wochen liegen zu lassen, bevor man sie redigiert. Realistisch ist das vielleicht nicht, aber zwei Tage Pause zwischen Schreiben und Redigieren sind allemal besser als zwei Stunden. Häufig fällt erst dann auf, dass die Sätze viel zu kompliziert sind.

10. Laut vorlesen

Wem es zu peinlich sei, der könne ja die Tür zum Arbeitszimmer schließen, sagt der Historiker Valentin Groebner. Wichtig ist nur, dass man's macht: Denn wer sich seine Texte selbst vorliest, und zwar laut, merkt, was überflüssig oder unverständlich ist, wo sich Teile wiederholen und an welcher Stelle man schneller auf den Punkt kommen muss: «[E]in gesprochener Text [...] dringt schneller ins Hirn des Zuhörers. Er muss deshalb rascher mitteilen, worum es gehen soll», sagt Groebner.

Tipps auf einen Blick

Die folgende Übersicht gibt in Kurzform eine Anleitung zum verständlichen Schreiben:

- Subjekte und Prädikate möglichst an den Satzanfang stellen.
- Die wichtigen Gedanken in Hauptsätze schreiben. Und: Jeder neue Gedanke = ein neuer Hauptsatz.
- Längere eingeschobene Nebensätze vermeiden. Stattdessen schön übersichtlich: Hauptsatz, Nebensatz.
- Die zwei Teile eines Verbs durch nicht mehr als sechs Wörter unterbrechen, z. B.: «Er spricht sich in dem Aufsatz für mehr Rechte aus.» – «Spricht sich» und «aus» wird durch genau sechs Wörter unterbrochen. Gute Alternative bei längeren Aufzählungen: «Er spricht sich in einem Aufsatz für Folgendes aus: ...»
- Eins nach dem anderen: Alles auf einmal sagen zu wollen führt zu Satzungetümen und frustriert den Leser. Sätze, die länger sind als drei Zeilen, funktionieren selten.
- Trotzdem gilt: nicht zu viele kurze Sätze aneinanderreihen. Das wirkt einschläfernd und monoton.

- Noch wichtiger als kurze Sätze ist jedoch ein schlüssiger und übersichtlicher Aufbau. Aufzählungen und Hervorhebungen erleichtern die Gliederung und das Lesen. Aber: keinen Gedankenschritt auslassen.

- Aufzählungen und Argumente optisch hervorheben: durch Ziffern, Punkte, Spiegelstriche, Fettungen oder Absätze. Der wichtigste Begriff steht dabei am Anfang. Und: Nicht zu viele Hervorhebungen, sonst wird alles wichtig – und damit gar nichts.

- Passivkonstruktionen vermeiden: «Die xy-Daten sind erhoben worden.» Besser: «Das xy-Ministerium hat zum Thema xy eine Studie durchgeführt.»

- Verben benutzen, Nominalkonstruktionen vermeiden. «Die Untersuchung des Themas xy zeigt …» Besser: «Xy hat das Thema xy untersucht. Seine Ergebnisse zeigen …»

- Abstrakte Substantive vermeiden: Bürokratisierung, Internationalisierung, Methodenbewusstsein, Implementierung, Handlungshorizonte – solche Wörter sind unverständlich, hässlich und sagen häufig wenig aus.

- Präzise und konkret sein: «Im Herbst 2010» statt «vor einiger Zeit».

- Bekannte und geläufige Wörter benutzen statt Fremdwörter. Und wenn man Fremdwörter benutzt, sollte man sie einmal zu Anfang erklären.

- Beispiele und Vergleiche erleichtern das Verständnis.

- Wörter, die passen, lieber mehrmals wiederholen, als krampfhaft nach Synonymen zu suchen.

Pimp your Hausarbeit

Eine klare, übersichtliche und deutliche Sprache erleichtert das Lesen, doch leider ist das nicht jedermanns Ziel. Es gibt Professoren, die nicht eingängig schreiben wollen – und Unverständlichkeit auch von ihren Studenten erwarten. Kathrin Peters, Professorin für Medienwissenschaften in Oldenburg, findet sogar: «Nicht-Verstehen, Noch-nicht-Verstehen oder Nicht-ganz-Verstehen sind als Impulse für Neugierde nicht zu unterschätzen. Der Appeal des Nicht-Verstehens trägt viel weiter, als es jene Texte tun, von denen man nur noch Einleitung und Resümee lesen muss, um ihre Aussage zu erfassen.»

Dass eine verständliche Sprache nicht immer gut ankommt, zeigt auch die Erfahrung, über die ein Student in einem SPIEGEL-ONLINE-Forum berichtet: «Ich hab es einmal gewagt, eine an sich recht trockene Seminararbeit in Teilen mit Alltagsbeispielen und in lockerer Sprache etwas ‹aufzupeppen›», schreibt er, «und bekam prompt permanent Negativkommentare an den entsprechenden Stellen.» Dieses «wissenschaftliche Getue» würde ihn sogar davon abhalten, eine akademische Laufbahn einzuschlagen.

Wer es mit Kathrin Peters oder einem so trockenen Dozenten zu tun hat wie dieser Student, dem empfehlen wir unsere Sprachtipps nicht. Denn nur selten ist es ratsam, Professoren eines Besseren belehren zu wollen. Manche vergeben sogar bessere Noten, je ausgefallener die Sprache ist. Auch Sprachkritiker Schneider rät: «Macht es genau so, wie euer Professor es haben will, behaltet bitte alle sprachlichen Marotten bei, die euer Fach verlangt. Professoren verlangen ein elitäres und verschrobenes Deutsch.»

Wer seine Arbeit nachträglich ein bisschen pimpen möchte, der ersetze ein paar Begriffe durch ihre superschlau klingenden Pendants. Plötzlich wird aus «beziehungsweise» «respektive», und «offenkundig» heißt plötzlich «evident». Eine Übersicht bietet das folgende «Pimp-Glossar» – eine Liste von gewöhnlichen Wörtern und ihren entsprechenden Fremdwörtern, sortiert nach Adjektiven, Verben und Substantiven. Ein bisschen Sprachgefühl ist allerdings gefragt. Manche Wörter haben mehrere Bedeutungen und lassen sich nicht in jedem Zusammenhang anwenden. Deshalb: Augen auf und Kopf an!

Die Arbeit mit Adjektiven polieren

allmählich: sukzessive

angemessen: adäquat

ausdrücklich: explizit

entgegengesetzt: diametral

gegensätzlich: adversativ

gegenseitig: reziprok

in etwas enthalten: immanent

kompliziert: diffizil

lehrreich: instruktiv

offenkundig: evident

übereinstimmend: konvergent

überflüssig: obsolet

von außen her: extrinsisch

von innen her: intrinsisch (z. B. intrinsische Motivation)

voraussagend: präjustizierend

zufällig: akzidentell

Mit gut klingenden Verben punkten

andauern: perpetuieren

anweisen: instruieren

auffassen, bemerken: rezipieren

ausarbeiten, ausführen: elaborieren

auseinandergehen: divergieren

beabsichtigen: intendieren

beharren: persistieren

beinhalten: implizieren

bestimmen: determinieren

darstellen: repräsentieren

eine bestimmte Funktion ausüben: fungieren

einschränken: restringieren

etwas (sinnlich) wahrnehmen: perzipieren

etwas zu einer Regel machen: konventionalisieren

feststellen: konstatieren

gleichmachen: egalisieren

rechtfertigen: exkulpieren

übereinstimmen: konvergieren, korrespondieren

umwandeln: transformieren

ungültig machen: invalidieren

vorhersagen: prognostizieren

zur Schau stellen: exponieren

zusammenfassen: resümieren, subsumieren

zuvorkommen: prävenieren

Mit ausgefallenen Substantiven auftrumpfen

Absicht: Intention

Anweisung: Instruktion

Bedeutung: Relevanz

Beschaffenheit: Konsistenz

Beziehung: Relation

Dauerhaftigkeit: Permanenz

Einfachheit: Simplizität

Einschränkung: Restriktion

Empfänger: Rezipient

Empfänglichkeit: Rezeptivität

Fachausdruck: Terminus

Gegenseitigkeit: Reziprozität

Grundsatz: Axiom

Gruppe: Komplex

Häufigkeit: Frequenz

Missverhältnis: Disproportion

Neuerung: Innovation

Schlussfolgerung: Conclusio

Schwierigkeit: Diffizilität

Übereinstimmung: Konvergenz

Unterschied: Diskrepanz

Wahrnehmung: Perzeption
Zusammenfassung: Resümee

Bluffen cum Laude

Wem Fachausdrücke nicht reichen, um die Arbeit zu pimpen, wer es also richtig auf die Spitze treiben möchte, der nutzt den folgenden Latein-Baukasten. Man muss ja nicht gleich ganze Sätze auf Latein schreiben, so wie es Joseph Ratzinger in seiner Dissertation gemacht hat.

ad vocem: dazu wäre zu sagen
ceterum censeo: im Übrigen bin ich der Meinung
conditio sine qua non: unabdingbare Voraussetzung
cum grano salis: unter Vorbehalt, einschränkend
cui bono?: Wem nützt es? Wer hat einen Vorteil daraus?
ex usu: aus der Erfahrung, nach dem Brauch
ibidem: ebenda, ebendort
in dubio pro reo: im Zweifel für den Angeklagten
in medias res gehen/kommen: unmittelbar und ohne Umschweife
    zur Sache kommen.
in summa: im Ganzen, insgesamt
nota bene: wohlgemerkt, übrigens
pacta sunt servanda: Verträge sind einzuhalten
passim: so an verschiedenen Stellen (bei Quellenangaben)
quod erat demonstrandum: was zu beweisen war
sensus communis: gesunder Menschenverstand
sensu auctorum: im Sinne der Autoren
[sic] oder sic!: Achtung! Kennzeichnet entweder eine heute unübliche Schreibweise, zum Beispiel: Die Lerer [sic] machen es so. Oder Kennzeichnung für etwas Vorangegangenes, das in dieser – falschen – Form gelesen oder gehört worden ist.
sua sponte: aus eigenem Antrieb
summa summarum: alles in allem, insgesamt

Simulation starten

In der deutschen Sprache gibt es unzählige Möglichkeiten, neue Wörter zu bilden. Man muss nur bestehende neu zusammensetzen. Heraus kommt dann zum Beispiel Rindfleischetikettierungsüberwachungsaufgabenübertragungsgesetz. Dieses 63-Buchstaben-Wort gibt es wirklich. Es ist der Name eines Gesetzes aus Mecklenburg-Vorpommern, das 1999 eingeführt wurde, um Verbraucher vor der Rinderseuche BSE zu schützen. Mittlerweile ist das Gesetz wieder abgeschafft. Lange Wörter gibt es weiterhin: Verkehrsinfrastrukturfinanzierungsgesellschaft zum Beispiel oder Gleichgewichtsdichtegradientenzentrifugation.

Wer ein bisschen Hilfe bei der Wortfindung braucht, kann das «halbautomatische Schnellformulierungssystem» benutzen.

Spalte 1	Spalte 2	Spalte 3
0. konzentrierte	0. Führungs-	0. –struktur
1. integrierte	1. Organisations-	1. –flexibilität
2. permanente	2. Identifikations-	2. –ebene
3. systematisierte	3. Drittgenerations-	3. –tendenz
4. progressive	4. Koalitions-	4. –programmierung
5. funktionelle	5. Fluktuations-	5. –konzeption
6. orientierte	6. Übergangs-	6. –phase
7. synchrone	7. Wachstums-	7. –potenz
8. qualifizierte	8. Aktions-	8. –problematik
9. ambivalente	9. Interpretations-	9. –kontingenz

Angeblich soll ein Beamter aus dem US-Gesundheitsdienst die Methode entwickelt haben, nachdem er sich jahrelang mit Behörden- und Bürokratiesprache herumschlagen musste. Wer ein Wort sucht, mit dem er seine Zuhörer oder Leser beeindrucken möchte, der wähle eine beliebige dreistellige Zahl, suche sie in der Tabelle und setze die Wörter entsprechend zusammen. 458 ergibt zum Beispiel: «Progressive Fluktuationsproblematik». Wow! Der Gesundheitsbeamte soll dazu gesagt haben: «Keiner wird im entferntesten wissen, wovon Sie reden. Aber entscheidend ist, dass niemand wagen wird, es zuzugeben.»

Glossar für Anfänger

Wer neu an der Uni ist, kommt um bestimmte Vokabeln nicht herum. Was Studenten irgendwann im Schlaf beherrschen, ist für Quietschies (siehe «Erstis») wie eine Fremdsprache. Beim Wort «Bachelor» denken sie an eine Fernsehsendung, bei «Lehrstuhl» an ein Sitzmöbel und beim Ausdruck «Fußnote» an Musik. Für alle, die sich nicht trauen nachzufragen, ist dieses Glossar.

Akademisches Viertel
Viele Seminare und Vorlesungen starten erst eine Viertelstunde nach dem offiziellen Beginn. Ist eine Veranstaltung im Vorlesungs-verzeichnis beispielsweise für 10 Uhr → c. t. (Abkürzung für «cum tempore» = «mit Zeit») angekündigt, beginnt sie tatsächlich erst um 10.15 Uhr. Der Ursprung des Zeitpuffers: Früher wiederholten Professoren zu Beginn der Stunde die Themen aus der vergange-nen Sitzung. Wer glaubte, diese schon draufzuhaben, kam etwas später.

Alma Mater
Wörtlich aus dem Lateinischen übersetzt: Nährmutter. Bezeich-nung für Unis, die Studenten großzügig mit Wissen füttern.

Assistent, kurz: Assi
Akademische Form der Ausbeutung: Wissenschaftliche Mitarbei-ter und Assistenten der Professoren haben befristete Stellen. Sie sollen in dieser Zeit eigentlich an ihrer Doktorarbeit schreiben und den Dozenten-Alltag kennenlernen. Doch der Alltag eines Assis besteht meist vor allem aus Hilfstätigkeiten für den Prof. Wer Pech hat, muss Kaffee kochen, kopieren, das Telefon ab-nehmen. Doch wer eine Uni-Karriere anstrebt, kommt an dieser Phase kaum vorbei.

AStA

Abkürzung für Allgemeiner Studierenden-Ausschuss. Der AStA, an ostdeutschen Hochschulen oft Studierendenrat genannt, besteht aus einer Gruppe engagierter Studenten und wird vom Studentenparlament gewählt. Die AStA-Mitglieder vertreten studentische Interessen gegenüber Unileitung und Politik und bieten Beratung an. Sie sind eine Art studentische Regierung. Ganz wichtig: Eine hohe Sensibilität für Gender-Sprech. So diskutieren die «Studierendenvertreterinnen» gern auf Veranstaltungen wie «Die Uni als gesellschaftliche Akteurin» über die hohen «Studienanfängerinnenzahlen».

Audimax

Abkürzung für Auditorium maximum. Das Audimax ist der größte → Hörsaal einer Uni, einige haben mehr als tausend Plätze. Hier finden Vollversammlungen, Veranstaltungen oder auch Klausuren mit vielen Teilnehmern statt. Häufig sind diese repräsentativen Räume oder Gebäude wie antike Amphitheater gebaut: Rund und mit ansteigenden Sitzreihen, sodass man von allen Plätzen aus gut sehen und hören kann.

Bachelor

Erster akademischer Grad. Ein Bachelorstudium dauert mindestens drei Jahre und ist berufsqualifizierend. In Geistes- und Sozialwissenschaften erlangt man einen Bachelor of Arts (B.A.), in Naturwissenschaften und technischen Studiengängen einen Bachelor of Science (B.Sc.). Außerdem ist er noch zu haben als Bachelor of Engineering (B.Eng.), Bachelor of Laws (LL.B.), an Kunst- und Musikhochschulen als Bachelor of Fine Arts (B.F.A.) und Bachelor of Music (B.Mus.). Ein Bachelorabschluss ist die Voraussetzung für einen → Masterstudiengang. Das Bachelor-Master-System wurde in Deutschland nach der → Bologna-Reform von 1999 eingeführt. Die traditionellen deutschen Diplom- und Magisterabschlüsse wurden durch die straff durchorganisierten Bachelor- und Masterstudiengänge ersetzt – zum Ärger vieler Dozenten und Studenten. Mittlerweile haben sich alle daran gewöhnt, geschimpft wird aber noch immer.

BAföG

Abkürzung für Bundesausbildungsförderungsgesetz. Studenten, deren Eltern kein Studium bezahlen können, erhalten während der Regelstudienzeit eine monatliche Finanzspritze vom Staat. Wer wie viel bekommt, hängt vom Einkommen der Eltern und dem eigenen Vermögen ab. Der Höchstsatz beträgt derzeit 670 Euro pro Monat inklusive Kranken- und Pflegeversicherungszuschlag. Die Haken: Der Antrag ist kompliziert, viele warten monatelang auf die erste Auszahlung. Der Clou: Für die Rückzahlung hat man 20 Jahre Zeit, und wer diese Frist einhält, dem erlässt der Staat bis zu 50,5 Prozent des kompletten Betrags. Mehr als 10 000 Euro muss ohnehin niemand zurückzahlen.

Blockveranstaltung

Seminar oder Vorlesung, die nicht wöchentlich stattfindet, sondern an einem oder wenigen Terminen im Semester. Der Stoff wird in längeren, gebündelten Sitzungen durchgenommen. Blockveranstaltungen finden häufig am Wochenende oder in den Semesterferien statt. Schlecht für Verpeilte: Wer einmal fehlt, verpasst viel – vielleicht sogar den Schein.

Bologna-Reform

Große Bildungsreform, benannt nach der italienischen Stadt Bologna. Dort beschlossen die europäischen Bildungsminister im Jahr 1999, die Studienabschlüsse in allen europäischen Ländern anzugleichen. Die Ziele: Studienzeiten sollten kürzer, ein Wechsel der Hochschule einfacher und die Chancen der Absolventen auf dem internationalen Arbeitsmarkt besser werden. Das angelsächsische, zweistufige Bachelor-Master-System diente als Vorbild. Seither wurden fast alle Studiengänge umgestellt – Ausnahmen sind Medizin, Jura und Lehramt: Hier muss weiterhin ein Staatsexamen abgelegt werden.

C. t.
Abkürzung für den lateinischen Begriff «cum tempore» («mit Zeit»). Veranstaltungen mit diesem Hinweis hinter der Zeitangabe beginnen eine Viertelstunde später. 12 Uhr c. t. bedeutet also eigentlich 12.15 Uhr. Diese 15 Minuten werden auch das → «akademische Viertel» genannt. → S. t. (Abkürzung für «sine tempore» = «ohne Zeit») hingegen steht für einen pünktlichen Beginn.

Campus
Gesamte Anlage einer Universität. Während in den USA meist das ganze Hochschulleben inklusive Sport- und Freizeitaktivitäten auf einem zusammenhängenden Campus stattfindet, sind viele Unis in Deutschland über die Stadt verteilt – und die Gebäude mal mehr und oft weniger ansehnlich.

Credit Points
Seit der → Bologna-Reform müssen Studenten sogenannte Credit Points sammeln. Je nach Prüfungsleistung erhalten sie unterschiedlich viele Leistungspunkte. Ein Credit Point soll einem Arbeitsaufwand von ca. 25 bis 30 Stunden entsprechen. Die Idee: Mit dem «European Credit Transfer System» (ECTS) werden Studienleistungen europaweit vergleichbar gemacht.

Cum laude
Lateinische Bezeichnung für «mit Lob». Was eindrucksvoll klingt, ist aber nur die drittbeste Note bei der Beurteilung einer Doktorarbeit. Die zweitbeste Note «magna cum laude» heißt übersetzt «mit großem Lob». Die eher selten vergebene Höchstnote «sum-

ma cum laude» bedeutet «mit höchstem Lob». Kenner sprechen auch gern nur darüber, ob jemand «ein Summa» oder «ein Magna» erhalten hat.

Curriculum
Ein anderes Wort für den Lehrplan.

Dekan
Häuptling eines Fachbereichs oder einer Fakultät. Kaum ein Professor hat Lust auf den Job, weil er mit viel Bürokratie und wenig Ruhm verbunden ist. Dennoch meldet man sich freiwillig oder zumindest fast freiwillig, weil jeder mal drankommen muss. Wer sich weigert, macht sich bei den Kollegen höchst unbeliebt.

Dies academicus
Könnte auch «Dies ausschlafen» heißen – zumindest für die Studenten. An diesem Tag feiert sich die Uni selbst – mit Veranstaltungen, Vorträgen und festlichen Reden. Dafür fallen alle Seminare und Lehrveranstaltungen aus. Die Partys am Vorabend sind in vielen Uni-Städten deshalb umso wilder.

Disputation
Nachdem der Doktorand seine schriftliche Arbeit eingereicht hat, muss er sie in Form einer Disputation verteidigen. Diese mündliche Prüfung bezieht sich mehr auf die Inhalte der Doktorarbeit als ein → Rigorosum, weshalb sie weniger gefürchtet ist. Ob am Ende der Dissertation ein Rigorosum oder eine Disputation steht, ist von Fachbereich zu Fachbereich und von Uni zu Uni verschieden.

Dissertation
Auch Diss, Promotion oder Doktorarbeit genannt. Mehr als 200 000 Doktoranden gibt es derzeit in Deutschland – so viele wie noch nie. An seiner Dissertation sitzt man in der Regel zwischen

drei und fünf Jahren. Am lang ersehnten Ende hat man mindestens ein Rückenleiden, eine lexikondicke Arbeit und (hoffentlich) den Nachweis wissenschaftlicher Exzellenz. Eine Diss ist die Voraussetzung für viele wissenschaftliche Stellen. Auch wer Professor werden möchte, kommt nicht an ihr vorbei. In jüngster Zeit kamen kumulative Dissertationen in Mode: Bei diesen kann ein Autor mehrere kürzere wissenschaftliche Aufsätze zu einem Thema als Doktorarbeit anerkennen lassen.

Doktorvater

Wissenschaftlicher Betreuer eines Doktoranden. Zumeist ist der Doktorvater oder die Doktormutter Professor oder Professorin an der Fakultät, wo die Promotion abgelegt werden soll. Entweder schlägt der Doktorvater einem Studenten ein Promotionsthema vor, oder der Student tritt mit einer Idee an den Dozenten heran.

Erasmus

Abkürzung für European Region Action Scheme for the Mobility of University Students. Seit mehr als 25 Jahren gehen mit diesem Austauschprogramm der Europäischen Kommission jährlich rund 250 000 Studenten für mehrere Monate ins Ausland, um an einer europäischen Partnerhochschule ihrer Uni zu studieren – und die vielleicht beste Zeit ihres Studiums zu erleben. Dort erworbene Scheine und Prüfungsleistungen erkennen die deutschen Unis meistens an. Auslandssemester bringen vor allem viel Spaß, etwas Lebenserfahrung und ein wenig Sprachkenntnisse. Außerdem lernt man Leute kennen, die Matteo, Camille oder Abigail heißen. Erasmus ist ein sehr beliebtes Stipendium, das recht unkompliziert in der Organisation ist. Es gibt aber auch noch andere Stipendien sowie die Möglichkeit, Auslands-BAföG oder andere vom Bund finanzierte Bildungskredite zu beantragen. Infos gibt es zum Beispiel beim Deutschen Akademischen Austauschdienst (DAAD) und beim Akademischen Auslandsamt der Uni.

Ersti

Verniedlichungsform für Erstsemester, also Studenten, die im ersten Semester eingeschrieben sind. In Süddeutschland werden sie auch Quietschies genannt. Man erkennt sie an ihrem unsicheren Blick und ihrer Strebsamkeit: Sie schreiben in Vorlesungen alles mit und sind perfekt ausgerüstet. Stundenpläne, bunte Textmarker und ein Hefter pro Veranstaltung sind selbstverständlich. Das ändert sich meist spätestens ab dem zweiten Semester.

Exmatrikulation

Bye-bye Uni: Wer sich exmatrikuliert, meldet sich offiziell als Student von der Hochschule ab. Das ist in der Regel der Fall, wenn das Studium abgeschlossen ist. Oder wenn man schon nach drei Semestern einen Wahnsinnsjob ergattert hat. Oder wenn man mehrmals durch Prüfungen gerasselt ist. Oder aber, wenn man schlicht vergessen hat, den Semesterbeitrag zu zahlen.

Exkursionen

Endlich mal Praxis statt schnöder Theorie: In einigen Fächern wie zum Beispiel Architektur gehören Exkursionen, also Untersuchungen und Besichtigungen außerhalb der Hochschule, zum festen Lehrplan.

Fachbereich

Eine Gruppe zusammengehörender Wissenschaften bildet einen Fachbereich. An manchen Universitäten wird der Fachbereich auch → Fakultät genannt. An anderen Hochschulen wiederum ist der Fachbereich die Untereinheit einer Fakultät. An der Universität Hamburg gibt es zum Beispiel die Wirtschafts- und Sozialwissenschaftliche Fakultät, die wiederum in vier verschiedene Fachbereiche unterteilt ist, zum Beispiel den Fachbereich Sozialwissenschaften.

Fachschaft

Ähnliche Einrichtung wie früher die Schülervertretung. Jedes Fach hat seine eigene Fachschaft. Die Fachschafter sollen die Interessen ihrer Kommilitonen vertreten. Im Alltag sitzen sie gern auf Sperrmüll-Sofas, trinken Kaffee und geben Studenten Rat für den Studienalltag. Wer hartnäckig nachfragt, bekommt auch Tipps, welche Professoren zu meiden sind und welche ihren Studenten die Scheine hinterherschmeißen. Ach ja, Partys organisieren sie auch gern.

Fakultät

Mehrere Studienfächer, die zu einem bestimmten Fachgebiet gehören, schließen sich in einer Fakultät zusammen. So bilden zum Beispiel an manchen Unis die Fächer Soziologie, Politikwissenschaft, Journalismus, Kommunikationswissenschaft und Sozialkunde die Sozialwissenschaftliche Fakultät. Die Fakultäten können aber je nach Uni auch anders zusammengesetzt sein. An manchen Hochschulen heißen die Fakultäten auch → Fachbereiche.

Forschungssemester

Professoren müssen Studenten ausbilden, gleichzeitig aber auch selbst Forschung betreiben. Im Idealfall machen sie beides mit Engagement und Enthusiasmus. Doch mindestens genauso super finden es die meisten, wenn sie für ein ganzes Semester die Last der Seminare, Prüfungen und Gremiensitzungen abwerfen dürfen – und einzig das Bonbon der reinen Wissenschaft genießen können.

Fußnote

Belegstelle für ein Zitat. Diese Technik des wissenschaftlichen Arbeitens lernt man in Einführungen und Übungsseminaren. Dabei gilt: Für eine Fußnotenvariante entscheiden und dabei bleiben. Zum Beispiel: Autorenname, Erscheinungsjahr, Seitenzahl. Komplizierter kann es bei Online-Quellen oder Sammelbänden werden. Das Wichtigste: Keine Fußnote vergessen.

Gasthörer

Eher unbeliebt – bei anderen Studenten und Dozenten. Gasthörer besuchen nur einzelne Veranstaltungen ohne das Ziel, ein vollständiges Studium zu absolvieren. Deshalb müssen sie auch keine Klausuren oder Seminararbeiten schreiben. Sie sitzen dennoch am liebsten in der ersten Reihe und stellen die meisten Fragen. Und sind in der Regel mindestens dreimal so alt wie ihre Kommilitonen, denen sie dank frühzeitigem Erscheinen im Hörsaal die Plätze wegnehmen.

Graduiertenschule

Die Kaderschmieden für den wissenschaftlichen Nachwuchs. Hier sollen Doktoranden optimal gefördert und bestmögliche Bedingungen für ihre Promotion erhalten: Namhafte Wissenschaftler, großzügige Forschungsmöglichkeiten und Stipendien helfen dabei.

Habilitation

Unter Kennern einfach «Habil» genannt, ist sie der letzte Schritt auf dem Weg zum Professor – und der härteste. Um die höchsten akademischen Weihen zu erhalten, muss eine Habilitationsschrift («Opus magnum») oder eine kumulative Habilitation (mehrere herausragende Publikationen zu einem Thema) vorgelegt werden. Anwärter müssen zudem ihre Lehrfähigkeit unter Beweis stellen und eine Art mündliche Prüfung durch die Professoren der Fakultät bestehen. Das alles ist enorm zeitintensiv und aufwendig. Und: Eine bestandene Habilitation bedeutet noch längst keine feste Professur – wer so eine nicht ergattern kann, bleibt anschließend Privatdozent (PD oder Priv.-Doz.).

HiWi

Abkürzung für Hilfswissenschaftler. Meist Studenten, die neben ihrem Studium an der Uni jobben, indem sie kopieren, Kaffee kochen und Kuchen holen. Außerdem dürfen die HiWis Bücher aus der Bibliothek besorgen, Post sortieren, Vorlesungen vorbereiten. Oder auch mal selbst ein Tutorium geben. Also all das, worauf die Profs selbst keine Lust haben. Empfehlenswert für alle, die gern hinter die akademischen Kulissen blicken oder sich einen guten Draht zum Prof aufbauen wollen. Zu so einer Stelle verhilft vor allem großer Eifer in Seminaren. → Studentische Hilfskräfte (SHK), die noch keinen Abschluss haben, werden allerdings noch schlechter bezahlt als wissenschaftliche Hilfskräfte, die bereits mit dem Studium fertig sind.

Hörsaal

Veranstaltungsort mit Klappstühlen und kleinen Tischen. Ist in der Regel um einiges größer als ein Seminarraum und wird deshalb meist für Vorlesungen genutzt: Vorn steht der Dozent und nuschelt ins Mikro, während die Studenten in den engen Hörsaalbänken ihre Smartphones checken.

Immatrikulation

Offizielle Einschreibung an einer Hochschule, die schon mal in Stress ausarten kann: stundenlanges Anstehen, stickige Luft, unfreundliche Mitarbeiter. Und jeder Zweite hat bestimmt irgendwas nicht dabei – das Abiturzeugnis, den Personalausweis oder die Krankenkassenbescheinigung. Nicht vergessen: Jedes Semester steht die Rückmeldung an – sonst droht die → Exmatrikulation.

Institut

Die Untereinheit einer → Fakultät oder eines → Fachbereichs. An der Universität Leipzig zum Beispiel gehört das Institut für Germanistik zur Philologischen Fakultät. An anderen Unis kann es auch zur Fakultät für Sprach-, Literatur- und Kulturwissenschaften gehören.

Juniorprofessur

Wurde 2002 als Alternativweg zur Professur eingeführt. Während einer befristeten Anstellung als Juniorprofessor, so der Plan, sollten sich die eher jüngeren Wissenschaftler durch «training on the job» in Lehre und Forschung beweisen. Dabei arbeiten sie selbständig und haben dieselben Rechte und Pflichten wie «ordentliche» Professoren. Allerdings mündet die Juniorprofessur, die per Gesetz auf sechs Jahre begrenzt ist, nur bei wenigen in einer Langzeitprofessur, auch wenn sich die Wissenschaftler bewährt haben.

Kanzler

Chef der Uni-Verwaltung und Dienstherr aller nichtwissenschaftlichen Mitarbeiter.

Kolloquium

Versammlung ambitionierter Wissenschaftler. Man hält Vorträge, stellt laufende Forschungsarbeiten vor und diskutiert anschließend darüber in wohlgesetzten Worten. Vorteil: Die akademische Elite ist unter sich.

Kommilitonen

Das lateinische Wort «commilito» heißt übersetzt Gefährte oder Kamerad. Gemeint sind die Mitstudenten oder Studienkollegen.

Lehrstuhl

Ein Lehrstuhl hat nichts mit einem Sitzmöbel zu tun. Es ist die Bezeichnung für eine Professorenstelle an einer Hochschule.

Master

Ein international verbreiteter Titel, der in etwa dem früheren deutschen Diplom entspricht. Voraussetzung für einen Master ist ein → Bachelorabschluss. Ein Masterstudium dauert in Deutschland in der Regel zwei Jahre. Es gibt Masterstudiengänge, die direkt auf die Inhalte im Bachelor aufbauen (konsekutive Masterstudiengänge). Ein erster Abschluss in demselben Fach ist daher nötig. Ein nichtkonsekutiver Master ist dagegen inhaltlich unabhängig. Hier können sich Absolventen unterschiedlicher Bachelor-Studiengänge bewerben und einschreiben.

Matrikelnummer

Die Matrikel ist das Verzeichnis aller Studenten einer Hochschule. Jeder Student erhält bei der Einschreibung seine eigene mehrstellige Nummer. Die sollte man sich merken, weil man sie immer mal wieder bei Prüfungen auf Scheinen und Formularen eintragen muss. Gilt bis zur → Exmatrikulation. Vergesslichen hilft ein Blick auf den Studentenausweis.

Mensa

Abkürzung für den lateinischen Begriff «mensa academica», der übersetzt Universitätstafel heißt. Die Mensa ist die Kantine der Hochschule. Jeden Tag bekommen dort Studenten, Mitarbeiter und Professoren warmes Essen. Dank staatlicher Mitfinanzierung sind die Preise günstig. Als Klassiker gelten verkochte Salzkartoffeln, Pilzsaucen und dick panierte Schnitzel. Dieser schlechte Ruf hält sich zäh, dabei stechen einige Mensen inzwischen so manche Betriebskantine aus. Seit einiger Zeit beugen sich die Uni-Restaurants auch dem Bio- und Vegan-Trend: Es gibt Veggie-Tage, Salat-Buffets und Zutaten aus der Region.

Modul

Ein Konstrukt der → Bachelor- und → Masterstudiengänge: Mehrere Lehrveranstaltungen, die inhaltlich irgendwie zusammenhängen, bilden ein Modul. Um im Studium weiterzukommen, muss man nach und nach alle Prüfungen in diesen Modulen bestehen.

Numerus clausus

Auch NC genannt, ist lateinisch und bedeutet «beschränkte Anzahl». Ein NC wird eingeführt, wenn es für einen Studiengang mehr Bewerber als Plätze gibt. Mittlerweile haben fast alle Fächer einen NC – und damit eine Zulassungsbeschränkung. Die Abiturnote oder die Anzahl an Wartesemestern entscheiden dann, wer die begehrten Plätze erhält: Liegt der NC bei 1,2, sieht es mit einem Abischnitt von 2,6 schlecht aus. Jedes Jahr wird der NC neu bestimmt, je nach Bewerberzahlen und Kapazitäten der Unis. Für Medizin, Zahnmedizin, Tiermedizin und Pharmazie gelten bundesweite NC – diese Plätze sind immer und überall sehr begehrt. Die → Stiftung für Hochschulzulassung (SfH) weist die Studienplätze in diesen Fächern zu. Wer abgelehnt wird, muss also warten, manchmal mehrere Jahre. Derweil kann man die Studienentscheidung noch einmal überdenken. Eine Ausbildung machen. Oder reisen. Immer mehr Studenten klagen sich inzwischen auch ein, ganze Anwaltskanzleien sind darauf spezialisiert.

O-Woche

Abkürzung für Orientierungswoche, gemeint sind Einführungstage für die neuen Erstsemester in der Woche vor dem offiziellen Semesterbeginn. Dozenten und → Kommilitonen aus den höheren Semestern stehen für Fragen jeglicher Art bereit. Am besten klappt das gegenseitige Kennenlernen natürlich bei den Partys – in einigen Unistädten wird der Hochschulstart bereits am Tage exzessiv und mit studentischen Rallyes durch die Straßen gefeiert.

Orchideenfach

Universitätsdisziplin, die eher schwach nachgefragt wird oder sich mit exotischen Sachverhalten beschäftigt. Festlandkeltologie gehört dazu, die Kristallographie oder die Papyrologie.

Prof. em.

Kommt ein Universitätsprofessor in die Jahre, bleibt ihm selbst im akademischen Ruhestand der Titel erhalten – er wird zum Professor emeritus, kurz: Prof. em. Er darf weiterhin lehren oder Prüfungen abnehmen, er muss aber nicht. Manche wollen aber gar nicht so richtig aufhören: Sie schreiben weiterhin Bücher, gehen zum Essen in die → Mensa oder sogar ins Ausland, um weiterhin forschen zu können.

Rektor

Der Rektor, auch Präsident genannt, steht an der Spitze der Hochschule und wird aus den Reihen der Professoren gewählt. Er repräsentiert die Universität nach außen – mal als Grüßaugust, mal als beinharter Wissenschaftsmanager. Förmliche Anrede: «Magnifizenz» oder auch gern «Ihre Magnifizenz».

Repetitorium

In der Schule hieß es Nachhilfe, in den Rechtswissenschaften ist es ein notwendiges Übel. Um das Examen zu bestehen, wiederholen fast alle Jura-Studenten den Stoff aus den vergangenen Jahren, indem sie ihn sich von teuren Privatpaukern eintrichtern lassen. Auch in anderen Fächern, zum Beispiel Natur- und Wirtschaftswissenschaften, gibt es immer mehr solcher Gruppen- oder gar Einzel-Repetitorien. Dabei sollten die Unis diese Lehraufgabe eigentlich selbst erledigen.

Rigorosum

Das Rigorosum stellt die mündliche Prüfung bei einer Promotion dar. Nachdem der Doktorand sein schriftliches Werk eingereicht hat und dieses akzeptiert wurde, muss er hier noch einmal sein wissenschaftliches Können unter Beweis stellen. Das Rigorosum geht über die Inhalte der Doktorarbeit hinaus und gilt im Vergleich zur → Disputation als härtere Prüfung – meistens zu Unrecht: Sowohl Rigorosum als auch Disputation sind in der Regel freundliche Expertengespräche, in denen Doktorand und Professoren ein wenig fachsimpeln, bevor die Promotion veröffentlicht wird und der Prüfling seinen Doktortitel tragen darf.

Ringvorlesung

Vorlesungsreihe zu einem Oberthema, bei dem jedes Mal ein anderer Referent einen Vortrag hält. So lernen die Zuhörer unterschiedliche Blickwinkel kennen. Ringvorlesungen sind meist für alle Interessierten ohne Anmeldung frei zugänglich.

Rückmeldung

Steht jedes Semester am Ende der Vorlesungszeit an und ist der Bescheid des Studenten an die Hochschule, dass er im kommenden Semester dort weiterstudieren möchte. Dazu gehört die fristgerechte Überweisung der Semestergebühren.

S.t.

Die lateinische Abkürzung für «sine tempore» («ohne Zeit»). Veranstaltungen mit diesem Hinweis hinter der Zeitangabe beginnen pünktlich. 12 Uhr s. t. bedeutet also Punkt 12 Uhr – im Gegensatz zu dem Hinweis → c. t.

Schein

Leistungsnachweis. Gibt es für die bestandene Prüfung in einer Veranstaltung. Äußerst selten reichen die reine Anwesenheit und ein schlaues Gesicht, meistens werden Referat, Klausur und/oder Hausarbeit verlangt.

Scheinfreiheit

Wer alle für den Abschluss erforderlichen Leistungsnachweise erbracht hat, gilt als scheinfrei. Jetzt fehlt nur noch die Bachelor- oder Masterarbeit.

Semesterwochenstunden

Die Semesterwochenstunden (SWS) geben die Zeit an, die eine Veranstaltung pro Woche in Anspruch nimmt. Eine SWS dauert 45 Minuten, eine wöchentliche Vorlesung von 90 Minuten hat also zwei SWS. Wie viele SWS pro Semester belegt werden müssen, um in der Regelstudienzeit zu bleiben, steht in der Studienordnung.

Studentenparlament

Das Studentenparlament (StuPa) ist die höchste Vertretung der Studentenschaft und wird meist einmal pro Jahr neu gewählt. Seit den 1970er Jahren ist die Wahlbeteiligung fast immer sehr niedrig. Die Mitglieder aller möglichen Fraktionen – von links über rechts, von «Eltern im Studium» bis zu den «Unabhängigen Medizinern» – können dann Parlament spielen. Darüber hinaus wählt das StuPa den → AStA und hat die Kontrolle über die studentischen Finanzmittel.

SHK

Abkürzung für studentische Hilfskraft. Ein → Hilfswissenschaftler (Hiwi), der noch keinen Abschluss hat und deshalb noch weniger pro Stunde verdient als eine wissenschaftliche Hilfskraft mit abgeschlossenem Studium.

SfH

Ist die Abkürzung für Stiftung für Hochschulzulassung. Die SfH, auch unter Hochschulstart bekannt, ist die Nachfolgeorganisation der Zentralstelle für die Vergabe von Studienplätzen (ZVS) und gleicht einem Nadelöhr für Studienbewerber: Sie verteilt die Plätze in zulassungsbeschränkten Fächern, die einen bundesweiten → Numerus clausus (NC) haben, wie zum Beispiel Medizin, Zahnmedizin und Pharmazie. Ob ein Studium in Bielefeld, Berlin oder gar kein Platz – die SfH bestimmt.

Sprechstunde

Wöchentlich oder seltener bitten die Professoren für wenige Stunden zur persönlichen Audienz in ihre Büros. Im 15-Minuten-Takt besprechen sie dann mit aufgeregten Studenten Hausarbeiten und anstehende Prüfungen. Die meisten Dozenten hängen die Sprechstundentermine an ihrer Tür aus. Rechtzeitig eintragen bzw. früh kommen lohnt sich. Sonst dauert es schnell auch mal ein halbes Semester, bis man seine Fragen oder Hilfegesuche loswird.

Studentische Verbindung

Auch Burschenschaft oder Korporation genannt: Verein meist konservativer junger Männer. In den traditionellen Verbindungen wohnen die Mitglieder unter Ausschluss von Frauen für wenig Geld zusammen – in meist sehr schicken Häusern, finanziell und ideell unterstützt von ehemaligen Verbindungsmitgliedern. Mitunter schwingen die Herren die Säbel und fechten gegeneinander. Diese Art von Verbindungen nennt man «schlagend». So mancher Student ist später stolz auf die Narbe im Gesicht, den sogenannten Schmiss. Ansonsten trinken Mitglieder von Verbindungen viel und singen gern. Seit den 1970er Jahren gibt es liberale Studentenverbindungen, die Frauen nicht nur auf Partys zulassen. Seit den 1980er Jahren schließen sich Studentinnen sogar zu reinen Damenverbindungen zusammen. Immer wieder werden Burschenschaften von Rechtsextremen unterwandert. Sie singen dann die erste Strophe der Nationalhymne und starren alte Landkarten an, auf denen Deutschland noch Preußen heißt.

Tutor

Studentische Hilfskraft aus einem höheren Semester, die Studienanfängern in Arbeitsgruppen Tipps und Hilfestellungen gibt. Sie erklären, was eine Fußnote ist, wo sich die Fachbibliothek befindet und womit man beim Prof punkten kann. In einem Tutorium werden dann die Inhalte von Seminaren und Vorlesungen vertieft und klausurrelevante Themen wiederholt.

Vorlesungsverzeichnis, kommentiertes

Auf Papier gedruckt ist es ein Wälzer. Heute gibt es das Vorlesungsverzeichnis meist auch in digitaler Form. Darin sind alle Veranstaltungen der Hochschule aufgelistet, inklusive Ort und Zeit. Die Dozenten beschreiben ausführlich ihre Seminare und Vorlesungen.

Nachwort

Die in der vorliegenden Arbeit zugrunde gelegte Intention, anhand von akzidentell herangezogenen Ausschnittkorpi aus dem wissenschaftlichen Kontext diverse für die Fachsprache charakteristische Spezifika und Technizismen zu eruieren und dem Rezipienten deren Diffizilität hinsichtlich einer zerebralen Perzeption respektive deren Obsoleszenz zu demonstrieren, wurde hinsichtlich der Konvergenz der examinierten Faktoren erfüllt. Konkludierend kann diesbezüglich eine persistierende Komplexität hinsichtlich der linguistischen Termini konstatiert werden, bei der kausal eine intrinsisch motivierte Augmentation der disziplinären Reputation auguriert wird … – halt, stopp!

Auch wenn wir uns ausgiebig mit Wissenschaftssprache befasst haben, ihr verfallen sind wir glücklicherweise nicht. Der obige Absatz bedeutet in klarem, verständlichem Deutsch nichts anderes als dies: Mit diesem Buch wollten wir zeigen, dass bestimmte Ausdrücke in den verschiedenen Fachsprachen oft schwer verständlich und manchmal überflüssig sind. Dafür haben wir nach dem Zufallsprinzip Textausschnitte aus unterschiedlichen wissenschaftlichen Bereichen ausgewählt. Wir stellten fest, dass sie meist tatsächlich (unnötig) kompliziert sind und glauben, die Verfasser dieser Texte wollen so ihrem Umfeld imponieren. Ende der Übersetzung. Und jetzt kommt – versprochen – kein fieses Fremdwort mehr.

Was fängt man an mit dieser Erkenntnis? Eines sollte klar sein: Weder Studenten noch ihre Dozenten haben etwas davon, wenn jemand einen ganzen Nachmittag lang vor einem Text hockt und am Ende, wenn überhaupt, nur die Hälfte verstanden hat. Sieht so ein erfüllter Lehrauftrag aus? Nein. Der sprachliche Bluff ist ein absolut sinnloses und überflüssiges Verhalten. Nur leider schafft diese Erkenntnis allein den Bluff nicht ab. Auch in Zukunft wird an deutschen Unis geblufft, gelabert und simuliert werden, und immer mehr junge Menschen werden das aushalten müssen. Denn die Zahl der Studenten steigt.

Sie können den Hochschul-Bluff verdammen, sich darüber aufregen, dagegen reden. Sie können das Studium abbrechen oder einen ehrlichen Handwerksberuf erlernen, Schreiner zum Beispiel. Doch wer einen Traumberuf hat, der ohne Studium nicht zu erreichen ist, hat keine Wahl: Er muss mit Wissenschaftssprache fertigwerden, die – je nach Fach – mal mehr, mal weniger aufgeblasen ist. Nur wie?

Drei Alternativen zu Burnout und Studienabbruch:

1. Mit dem Strom schwimmen:

Man kann die akademische Sprache erlernen wie eine Fremdsprache. Indem man die Texte sorgfältig zerpflückt, unbekannte Wörter und Begriffe übersetzt und aus Schachtelsätzen mehrere kurze bastelt. Wer die Uni-Phrasen und Floskeln einmal beherrscht, kann plötzlich unterscheiden: zwischen komplizierten, aber inhaltlich leeren Formulierungen und denen, die kluge Gedanken enthalten. Dann kann man mutig drauflöslesen, Thesen hinterfragen und hin und wieder gedanklich das genaue Gegenteil durchspielen. Ab einem gewissen Punkt kann man Gewohnheitsbluffer sogar mit ihren eigenen Waffen schlagen und sie mit Sprache gezielt in die Schranken weisen. Wer ehrgeizig ist und länger an der Uni verweilen will als drei Jahre, sollte diesen Weg in Erwägung ziehen. Nachteil: Er braucht Zeit. Doch die Mühe lohnt sich.

2. Darüber lachen:

Wem dieser ganze Akademikersprech nicht liegt und nie liegen wird, kann es mit Humor versuchen. Einfach alles nicht so ernst nehmen, über die Texte schmunzeln und das intellektuelle sprachliche Gehabe der Bluffer ignorieren. Wer die Wissenschaftssprache richtig beherrscht, darf natürlich am lautesten lachen. Manche Professoren haben an der Uni einen Riesenspaß, wenn sie sich über geschwätzige Vorträge amüsieren.

3. Weglaufen:
Texte, die nicht zu verstehen sind, links liegen lassen. Das geht am leichtesten, wenn man nicht Soziologie, Pädagogik oder Wirtschaft studiert. Und selbst wenn: In fast allen Fächern gibt es die Literatur auch auf Englisch. Dieser Weg ist nicht unbedingt der schlechteste. Denn: Die meisten verlassen nach dem Studium die Uni und wollen von ihren Mitmenschen verstanden werden. Und Kommunikation sollte doch in erster Linie der Verständigung dienen, oder?

Der britisch-österreichische Philosoph Sir Karl Popper hat mal gesagt: «Wer's nicht einfach und klar sagen kann, der soll schweigen und weiterarbeiten, bis er's einfach sagen kann.»

Würden Studenten und Professoren an deutschen Universitäten auf Popper hören: Es wäre dort sehr sehr leise.

Wir danken:

Julia Vorrath vom Rowohlt Verlag; sie hatte die Idee für dieses Buch. Ihr und Angelika Mette vom SPIEGEL-Verlag danken wir insbesondere für die gute Begleitung und ihr Vertrauen. Vince Ebert, Armin Himmelrath, Eckart von Hirschhausen, Markus Reiter und Inge Schröder für ihre Ausdauer bei den Wissenschaftspassagen, die sie wunderbar und humorvoll übersetzten.

Frank Brettschneider von der Universität Hohenheim, der für uns die Doktorarbeiten der Prominenten durch sein Computerprogramm jagte, um die Verständlichkeit zu messen.

Den vielen Studenten, die sich an uns wandten und ihre Erfahrungen mit uns teilten.

Für die informativen Gespräche danken wir: Ludwig Eichinger, Präsident des Instituts für Deutsche Sprache in Mannheim; Astrid Kaiser, emeritierte Professorin für Erziehungswissenschaften an der Universität Oldenburg; Carsten Könneker, Chefredakteur der Zeitschrift «Spektrum der Wissenschaft», Ulrich Schmitz, Professor für Linguistik an der Universität Duisburg-Essen; Peter Siemund, Professor für Anglistik an der Universität Hamburg; Hans-Peter Schwintowski, Professor für Recht an der Humboldt-Universität zu Berlin.

Unser Dank gilt auch Maximilian Herberger, Thomas Hoeren, Betina Hollstein und Yvonne Schütze sowie den SPIEGEL-ONLINE-Autoren, die uns ihr Material nutzen ließen.

Lena Greiner dankt: Ronja Dittrich, Lukas Rilke, Oliver Trenkamp, Sarah Wack und den Bewohnern des wunderbaren Chateau Justiniac.

Friederike Ott dankt allen, die sie in dem Prozess, dieses Buch zu schreiben, unterstützt haben.

Literaturverzeichnis

Ammon, Ulrich: Deutsch als Wissenschaftssprache: einst Weltsprache der Wissenschaft, heute eine ihrer «Nischensprachen». Onlinequelle: veröffentlicht 2008, Stand November 2013: http://www.goethe.de/cgi-bin/print-url.pl?url=http://www.goethe.de/ges/spa/pan/spw/de3889454.htm

Becker, Karin: «Labern» als sprachlicher Code der Universität. Hausarbeit, 2001. Veröffentlicht in Hausarbeiten.de, Stand November 2013: http://www.hausarbeiten.de/faecher/vorschau/106233.html

Bredow, Rafaela von; Friedmann, Jan: Sprachpapst Wolf Schneider: «Germanistik zu studieren, halte ich für töricht». In: SPIEGEL ONLINE, veröffentlicht im Mai 2010, Stand November 2013: http://www.spiegel.de/unispiegel/wunderbar/sprachpapst-wolf-schneider-germanistik-zu-studieren-halte-ich-fuer-toericht-a-690834.html

Doerry, Martin: Heinrich Winkler über Historiker: «Wir sind rückwärts gekehrte Propheten». Interview mit Heinrich Winkler. In: SPIEGEL ONLINE, veröffentlicht im März 2011, Stand November 2013: http://www.spiegel.de/unispiegel/wunderbar/heinrich-winkler-ueber-historiker-wir-sind-rueckwaerts-gekehrte-propheten-a-751563.htmlhttp://www.spiegel.de/unispiegel/wunderbar/heinrich-winkler-ueber-historiker-wir-sind-rueckwaerts-gekehrte-propheten-a-751563-2.html

Gauweiler, Peter: Konfliktsituationen des Gemeinderatsmitgliedes. Eine Betrachtung über Funktions- und Rollenkonflikte des Organwalters der Volksvertretung der besonderen Gebietskörperschaft Gemeinde. Dissertation, 1980

Geier, Manfred: Die Brüder Humboldt, 2009. Zitiert in: Wagner, Wolf: Uni-Angst und Uni-Bluff. Wie studieren und sich nicht verlieren, 2012

Greiner, Lena: Hochschulen: Das Niveau sinkt. In: DER SPIEGEL, 40/2012

Groebner, Valentin: Wissenschaftssprache. Eine Gebrauchsanweisung, 2012

Gysi, Gregor: Zur Vervollkommnung des sozialistischen Rechtes im Rechtsverwirklichungsprozess. Dissertation, 1976

Haeming, Anne: Wissenschaftssprache: So klappt's mit der Hausarbeit. In: SPIEGEL ONLINE, veröffentlicht im Mai 2012, Stand November 2013: http://www.spiegel.de/unispiegel/studium/wissenschaftssprache-so-klappt-es-mit-der-hausarbeit-a-827237.html

Haeming, Anne: Schwerverständliche Wissenschaft: «Sprachstyropor macht mir schlechte Laune». Interview mit Valentin Groebner. In: SPIEGEL

ONLINE, veröffentlicht im Mai 2012, Stand November 2013: http://www. spiegel.de/unispiegel/studium/historiker-valentin-groebner-warnt-vor-floskeln-in-der-wissenschaft-a-827197.html

Helmenstine, Anne Marie: Interpreting Statements in Scientific Papers. What Common Research Phrases Really Mean. Onlinequelle: Stand Oktober 2013: http://chemistry.about.com/cs/chemists/a/researchpaper.htm

Heublein, Ulrich, et al.: Ursachen des Studienabbruchs in Bachelor- und in herkömmlichen Studiengängen. Ergebnisse einer bundesweiten Befragung von Exmatrikulierten des Studienjahres 2007/08, HIS: Forum Hochschule, 02/2010, Stand November 2013: http://www.his.de/pdf/pub_fh/fh-201002.pdf

Herberger, Maximilian: Die Frau im Vorwort. In: Rechtshistorisches Journal, 6/1987

Hirschhausen, Eckart von: Wirksamkeit einer intravenösen Immunglobulintherapie in der hyperdynamen Phase der Endotoxinämie beim Schwein. Dissertation, 1994

Hoeren, Thomas: Mein Dank gilt meinem Hund. In: duz MAGAZIN 4/2011. Onlinequelle: veröffentlicht 2011, Stand November 2013: http://www.uni-muenster.de/Jura.itm/hoeren/veroeffentlichungen/hoeren_veroeffentlichungen/Mein_Dank_gilt_meinem_Hund.pdf

Hofreiter, Anton: Die infragenerische Gliederung der Gattung Bomarea Mirb. und die Revision der Untergattungen Sphaerine (Herb.) Baker und Wichuraea (M. Roemer) Baker (Alstroemeriaceae). Dissertation, 2003

Hollstein, Betina; Schütze, Yvonne: Selbstdarstellungen in der Wissenschaft am Beispiel von Danksagungen in der Soziologie. In: Häder, Sonja (Hrsg.); Tenorth, Heinz-Elmar (Hrsg.): Der Bildungsgang des Subjektes. Bildungstheoretische Analysen. Onlinequelle: veröffentlicht 2004, Stand November 2013: http://www.pedocs.de/volltexte/2013/7810/pdf/Hollstein_Schuetze_Selbstdarstellungen_in_der_Wissenschaft.pdfer_Wissenschaft.pdf

Jung, Julia: Sprachtest für Jurastudenten: «Das Ergebnis war teils verheerend». Interview mit Jantina Nord. In: SPIEGEL ONLINE, veröffentlicht im Mai 2013, Stand November 2013: http://www.spiegel.de/unispiegel/studium/sprachkompetenz-von-jurastudenten-das-ergebnis-war-teils-verheerend-a-900387.html

Köhler, Kristina: Gerechtigkeit als Gleichheit? Eine empirische Analyse der objektiven und subjektiven Responsivität von Bundestagsabgeordneten. Dissertation, 2009

Köster, Philipp; Leffers, Jochen: Campus-Wörterbuch: Das kleine Uni-ABC. In: SPIEGEL ONLINE, Stand November 2013: http://www.spiegel.de/unispiegel/studium/campus-woerterbuch-das-kleine-uni-abc-a-125322.html

Krahl, Hans-Jürgen: Konstitution und Klassenkampf. Schriften und Reden 1966–1970, 1971. In: Walter, Franz: Aseptisch gegenüber Leid und Glück. Zur Darstellungsmisere der Sozialwissenschaften in Deutschland. Onlinequelle, veröffentlicht 2012, Stand November 2013: http://www.rotarymagazin.de/titelthema/thema-des-monats/aseptisch-gegenueber-leid-und-glueck-a-911.html

Kraif, Ursula; Wermke, Matthias: Duden – das Fremdwörterbuch, 2007

Langhans, Katrin: Wissenschaftssprache: Juhu, niemand versteht mich. In: SPIEGEL ONLINE, veröffentlicht im April 2012, Stand November 2013: http://www.spiegel.de/unispiegel/studium/schwere-wissenschaftssprache-warum-komplizierte-saetze-faszinieren-a-827862.html

Merkel, Angela: Untersuchung des Mechanismus von Verfallsreaktionen mit einfachem Bindungsbruch und Berechnung ihrer Geschwindigkeitskonstanten auf der Grundlage quantenchemischer und statistischer Methoden. Dissertation, 1986

Müller, Horst M.: Arbeitsbuch Linguistik, 2009

Perrin, Daniel: Medienlinguistik, 2006

Ramsauer, Peter: Wirtschaftliche Ziele und Effekte der Gebietsreform in Bayern. Dissertation, 1985

Ratzinger, Joseph: Volk und Haus Gottes in Augustins Lehre von der Kirche. Dissertation, 1951

Reiter, Markus: Klardeutsch. Neuro-Rhetorik für Manager, 2008

Reiter, Markus: Verschwurbeltes Hochschuldeutsch: Warum Wissenschaftler ihre Leser quälen. In: SPIEGEL ONLINE, veröffentlicht im Mai 2011, Stand November 2013: http://www.spiegel.de/unispiegel/studium/verschwurbeltes-hochschuldeutsch-warum-wissenschaftler-ihre-leser-quaelen-a-758029.html

Rössel, Jörg; Otte, Gunnar (Hrsg.): Lebensstilforschung. Sonderheft 51/2011, Kölner Zeitschrift für Soziologie und Sozialpsychologie

Schmitz, Ulrich: Intellektuelles Geschwätz. Intellektualistischer Sprachstil als erfolgreich scheiternde Einrichtung zur Erzeugung von Übersinn. In: Grosser, Wolfgang; Hogg, James; Hubmayer, Karl (Hrsg.): Styles Literary and Non-Literary, 1995

Schneider, Wolf: Deutsch für Profis. Wege zum guten Stil, 2001

Schulz von Thun, Friedemann, et al.: Sich verständlich ausdrücken, 2011

Stoiber, Edmund: Der Hausfriedensbruch im Lichte aktueller Probleme. Dissertation, 1971

Trenkamp, Oliver: Ausflüchte fauler Studenten: Floskeln für Fortgeschrittene. In: SPIEGEL ONLINE, veröffentlicht im Februar 2012, Stand November 2013: http://www.spiegel.de/unispiegel/studium/ausfluechte-fauler-studenten-floskeln-fuer-fortgeschrittene-a-813201.html

Trenkamp, Oliver: Ausreden fauler Studenten: Willkommen in Phrase zwei. In: SPIEGEL ONLINE, veröffentlicht im März 2012, Stand November 2013: http://www.spiegel.de/unispiegel/studium/floskeln-phrasen-aus-reden-fauler-studenten-a-819870.html

Wagner, Wolf: Uni-Angst und Uni-Bluff. Wie studieren und sich nicht verlieren, 2002

Wagner, Wolf: Uni-Angst und Uni-Bluff. Wie studieren und sich nicht verlieren, 2012

Zitierte Literatur

1 Tulodziecki, Gerhard; Herzig, Bardo: Handbuch Medienpädagogik. Mediendidaktik Band 2, S. 222 f., 2004

2 Tulodziecki, Gerhard; Herzig, Bardo: Handbuch Medienpädagogik. Mediendidaktik Band 2, S. 50, 2004

3 Schoenebeck, Hubertus von: Antipädagogik im Dialog. Eine Einführung in antipädagogisches Denken, S. 161 f., 1989

4 Schoenebeck, Hubertus von: Antipädagogik im Dialog. Eine Einführung in antipädagogisches Denken, S. 160, 1989

5 Langer, Dietmar: Sich-bilden als Personwerdung. In: Pädagogische Rundschau 2/2011, S. 169–188

6 Schoenebeck, Hubertus von: Antipädagogik im Dialog. Eine Einführung in antipädagogisches Denken, S. 186, 1989

7 Ohl, Hanns-Peter: Asset-Backed Securities. Ein innovatives Instrument zur Finanzierung deutscher Unternehmen, S. 319, 1994

8 Neumann, Peter: Handbuch der Markt- und Werbepsychologie, S. 245, 2013

9 Bockmann, Roland: Internationale Koordinierung nationaler Enforcement-Aktivitäten. Eine kritische Analyse unter besonderer Berücksichtigung der Deutschen Prüfstelle für Rechnungslegung. Dissertation, S. 358, 2012

10 Süß, Christian: Eine Architektur für die Wiederverwendung und Adaption von eLearning-Inhalten. Dissertation, S. 57, 2004

11 Luhmann, Niklas: Einführung in die Systemtheorie, S. 198, 2011

12 Götz, Konrad; Deffner, Jutta; Stieß, Immanuel: Lebensstilansätze in der angewandten Sozialforschung – am Beispiel der transdisziplinären Nachhaltigkeitsforschung, S. 91. In: Rössel, Jörg; Otte, Gunnar (Hrsg.): Lebensstilforschung. Sonderheft 51/2011, Kölner Zeitschrift für Soziologie und Sozialpsychologie

13 Böse, Reimund; Schiepek, Günter: Systemische Theorie und Therapie. Ein Handwörterbuch, S. 175, 1989

14 Macpherson, Crawford Brough: Die politische Theorie des Besitzindividualismus, 1967

15 Maier, Hans; Denzer, Horst: Klassiker des politischen Denkens. Von Plato bis Hobbes, S. 181 f., 2007

16 Bellers, Jürgen; Porsche-Ludwig, Markus: Achsenzeit. Mythos und Zukunft der Geschichte, 2010

17 Karl R. Popper: Auf der Suche nach einer besseren Welt, S. 99–113, 2006

18 Habermas, Jürgen: Erkenntnis und Interesse, S. 55, 1969

19 Adorno, Theodor W.: Philosophische Terminologie Band 1, S. 180, 1992

20 Adorno, Theodor W.: Philosophische Terminologie Band 1, S. 141, 1992

21 Biere, Bernd Ulrich: Verständlich-Machen. Hermeneutische Tradition, historische Praxis, sprachtheoretische Begründung, 1989

22 Klausnitzer, Ralf: Institutionalisierung und Modernisierung der Literaturwissenschaft seit dem 19. Jahrhundert, S. 114/115. In: Anz, Thomas (Hrsg.): Handbuch Literaturwissenschaft, Institutionen und Praxisfelder, 2007

23 Thielmann, Winfried: Wissenschaftliche Publikationstypen und Texttypen. In: Anz, Thomas (Hrsg.): Handbuch Literaturwissenschaft, Institutionen und Praxisfelder, 2007

24 Bonfadelli, Heinz; Friemel, Thomas N.: Medienwirkungsforschung, 2001

25 Bonfadelli, Heinz; Friemel, Thomas N.: Medienwirkungsforschung, 2001

26 Rolly, Horst Friedrich: Bildungsrecht und Bildungspraxis religiöser und linguistischer Minderheiten in Indien, S. 106, 2002

27 Rolly, Horst Friedrich: Bildungsrecht und Bildungspraxis religiöser und linguistischer Minderheiten in Indien, S. 77, 2002

28 Kuntze, Herbert; Roeschmann, Günter; Schwerdtfeger, Georg: Bodenkunde, S. 377 f., 1994

29 Hellmann, P.; Reuss, B., Zempel, G.; Winterhager, E: Untersuchungen zur Expression von Connexingenen in verschiedenen malignen humanen Trophoblastzellen. In: Verhandlungen der Anatomischen Gemeinschaft, 89. Versammlung in Marburg, 1994

30 Was tun, wenn er stehen bleibt? Notfall Endlos-Erektion. In Sexualmedizin Nr. 6, S. 185/186, 1999

31 Menne, Nikola: Die Rechtsbeziehung zwischen Vater und Kind. Eine vergleichende Studie zum deutschen, österreichischen, französischen und englischen Recht. Dissertation, S. 24, 1995

32 Schwab, Dieter; Löhnig, Martin: Einführung in das Zivilrecht, S. 146, 2010

33 Rehberg, Peter: Die Nacht des Auges. Kino. Blick. Magisterarbeit, S. 33, 1993

34 Fischer, Maria: Emotionen im Wahlkampf. Wahlwerbeplakate und deren Emotionspotential. Hausarbeit. 2012. Onlinequelle, gefunden im November 2013: http://www.hausarbeiten.de/faecher/vorschau/212034.html

35 Mußler, Peter: Erinnern und Geschichte(n) schreiben. Erzählstrategien in Bettina Balákas Eisflüstern. Hausarbeit, 2013. Onlinequelle, Stand November 2013: http://www.hausarbeiten.de/faecher/vorschau/212642.html

36 Mußler, Peter: Erinnern und Geschichte(n) schreiben. Erzählstrategien in Bettina Balákas Eisflüstern. Hausarbeit, 2013. Onlinequelle, Stand November 2013: http://www.hausarbeiten.de/faecher/vorschau/212642.html

37 Wagner, Sophia: Die Geschlechterpolitik der Europäischen Union. Geschlechtersubjektivität oder -objektivität auf dem europäischen Arbeitsmarkt? Hausarbeit, 2008. Onlinequelle, Stand November 2013: http://www.hausarbeiten.de/faecher/vorschau/116678.html

38 Sander, Florian: Diversität durch Diffusion. Die Prinzipien der Weltkultur als Venezuelas Instrument zur Emanzipation vom Westen. Wissenschaftlicher Aufsatz, 2006. Onlinequelle, Stand November 2013: http://www.hausarbeiten.de/faecher/vorschau/176371.html

39 Sander, Florian: Diversität durch Diffusion. Die Prinzipien der Weltkultur als Venezuelas Instrument zur Emanzipation vom Westen. Wissenschaftlicher Aufsatz, 2006. Onlinequelle, Stand November 2013: http://www.hausarbeiten.de/faecher/vorschau/176371.html

40 Dehne, Julian: Politische Öffentlichkeit und partizipative Demokratie im Internet. Hausarbeit, 2010. Onlinequelle, Stand November 2013: http://www.hausarbeiten.de/faecher/vorschau/206133.html

41 Rosenstock, Sabine: Untersuchungen zu cannabishaltigen Lebensmitteln – Grenzfälle des Drogenkonsums. Dissertation, 2004. Onlinequelle, Stand November 2013: http://www.hausarbeiten.de/faecher/vorschau/34040.html

42 Zausinger, Stefan: Failed Back Surgery Syndrom – Rückenschmerzen nach Rückenoperation. Wissenschaftlicher Aufsatz, 2010. Onlinequelle, Stand November 2013: http://www.hausarbeiten.de/faecher/vorschau/192291.html

43 Kühl, Nina; Voss, Frederike: Liquidität. Hausarbeit, 2000. Onlinequelle, Stand November 2013: http://www.hausarbeiten.de/faecher/vorschau/107858.html

44 Schannes, Philippe: Ist die Poppersche Falsifikation zu extrem? Essay, 2010. Onlinequelle, Stand November 2013: http://www.hausarbeiten.de/faecher/vorschau/159681.html

45 O. V.: Juristische Formulierungshilfe, abgedruckt in Forschung & Lehre 15/2008 (Herkunft unbekannt)

46 König, René: Materialien zur Soziologie der Familie, 1946. Zitiert nach: Hollstein, Betina; Schütze, Yvonne: Selbstdarstellungen in der Wissenschaft am Beispiel von Danksagungen in der Soziologie. In: Häder, Sonja (Hrsg.); Tenorth, Heinz-Elmar (Hrsg.): Der Bildungsgang des Subjektes. Bildungstheoretische Analysen. S. 163, 2004. Onlinequelle, Stand November 2013: http://www.pedocs.de/volltexte/2013/7810/pdf/Hollstein_ Schuetze_Selbstdarstellungen_in_der_Wissenschaft.pdfer_Wissenschaft. pdf

47 Herberger, Maximilian: Die Frau im Vorwort. In: Rechtshistorisches Journal, S. 237, 6/1987

48 Horkheimer, M.; Adorno, Th.W.: Dialektik der Aufklärung, 1988, zuerst 1969. Zitiert nach: Hollstein, Betina; Schütze, Yvonne: Selbstdarstellungen in der Wissenschaft am Beispiel von Danksagungen in der Soziologie. In: Häder, Sonja (Hrsg.); Tenorth, Heinz-Elmar (Hrsg.): Der Bildungsgang des Subjektes. Bildungstheoretische Analysen. S. 175, 2004. Onlinequelle, Stand November 2013: http://www.pedocs.de/volltexte/2013/7810/ pdf/Hollstein_Schuetze_Selbstdarstellungen_in_der_Wissenschaft. pdfer_Wissenschaft.pdf

49 Binder, Julius, zitiert nach: Herberger, Maximilian: Die Frau im Vorwort. In: Rechtshistorisches Journal, S. 235, 6/1987

50 Fachzeitschrift DÖV, S. 395, 1986. Zitiert nach: Herberger, Maximilian: Die Frau im Vorwort. In: Rechtshistorisches Journal, S. 236, 6/1987

51 Hoeren, Thomas: Mein Dank gilt meinem Hund. In: duz MAGAZIN, S. 60 f., 4/2011. Onlinequelle, Stand November 2013: http://www.uni-muenster.de/Jura.itm/hoeren/veroeffentlichungen/hoeren_veroeffentlichungen/Mein_Dank_gilt_meinem_Hund.pdfhttp://www.uni-muenster. de/Jura.itm/hoeren/veroeffentlichungen/hoeren_veroeffentlichungen/ Mein_Dank_gilt_meinem_Hund.pdf

52 Hoeren, Thomas: Mein Dank gilt meinem Hund. In: duz MAGAZIN, S. 60 f., 4/2011. Onlinequelle, Stand November 2013: http://www.uni-muenster.de/Jura.itm/hoeren/veroeffentlichungen/hoeren_veroeffent-lichungen/Mein_Dank_gilt_meinem_Hund.pdf

53 Bergmann, Jörg: Klatsch. Zur Sozialform der diskreten Indiskretion S. VI, 1987. Zitiert nach: Hollstein, Betina; Schütze, Yvonne: Selbstdarstellungen in der Wissenschaft am Beispiel von Danksagungen in der Soziologie. In: Häder, Sonja (Hrsg.); Tenorth, Heinz-Elmar (Hrsg.): Der Bildungsgang des Subjektes. Bildungstheoretische Analysen. S. 177, 2004. Online-

quelle, Stand November 2013: http://www.pedocs.de/volltexte/2013/7810/pdf/Hollstein_Schuetze_Selbstdarstellungen_in_der_Wissenschaft.pdfer_Wissenschaft.pdf

54 Esser, Hartmut: Soziologie. Spezielle Grundlagen. Bd. 1: Situationslogik und Handeln, S. XIX, 1999. Zitiert nach: Hollstein, Betina; Schütze, Yvonne: Selbstdarstellungen in der Wissenschaft am Beispiel von Danksagungen in der Soziologie. In: Häder, Sonja (Hrsg.); Tenorth, Heinz-Elmar (Hrsg.): Der Bildungsgang des Subjektes. Bildungstheoretische Analysen. S. 175, 2004. Onlinequelle, Stand November 2013: http://www.pedocs.de/volltexte/2013/7810/pdf/Hollstein_Schuetze_Selbstdarstellungen_in_der_Wissenschaft.pdfer_Wissenschaft.pdf

55 Bahrdt, Hans Paul: Humaner Städtebau, S. 9, 1969, zuerst 1968. Zitiert nach: Hollstein, Betina; Schütze, Yvonne: Selbstdarstellungen in der Wissenschaft am Beispiel von Danksagungen in der Soziologie. In: Häder, Sonja (Hrsg.); Tenorth, Heinz-Elmar (Hrsg.): Der Bildungsgang des Subjektes. Bildungstheoretische Analysen. S. 167, 2004. Onlinequelle, Stand November 2013: http://www.pedocs.de/volltexte/2013/7810/pdf/Hollstein_Schuetze_Selbstdarstellungen_in_der_Wissenschaft.pdfer_Wissenschaft.pdf

56 Moll, Daniela: Molekulare Mechanismen der cAMP-vermittelten Signaltransduktion. Dissertation, 2007. Onlinequelle, Stand November 2013: http://d-nb.info/998891738/34

57 Hoeren, Thomas: Mein Dank gilt meinem Hund. In: duz MAGAZIN, S. 60 f., 4/2011. Onlinequelle, Stand November 2013: http://www.uni-muenster.de/Jura.itm/hoeren/veroeffentlichungen/hoeren_veroeffentlichungen/Mein_Dank_gilt_meinem_Hund.pdf

58 Hoeren, Thomas: Mein Dank gilt meinem Hund. In: duz MAGAZIN, S. 60 f., 4/2011. Onlinequelle, Stand November 2013: http://www.uni-muenster.de/Jura.itm/hoeren/veroeffentlichungen/hoeren_veroeffentlichungen/Mein_Dank_gilt_meinem_Hund.pdf

59 Ceyhan, Güralp Onur: Danksagung seiner Dissertation in Medizin. Onlinequelle, Stand November 2013: http://miami.uni-muenster.de/servlets/DerivateServlet/Derivate-999/Anhang.pdf

60 Köhler, Kristina: Gerechtigkeit als Gleichheit? Eine empirische Analyse der objektiven und subjektiven Responsivität von Bundestagsabgeordneten. Dissertation, 2009

61 Nassehi, Armin: Differenzierungsfolgen. Beiträge zur Soziologie der Moderne, 1999. Zitiert nach: Hollstein, Betina; Schütze, Yvonne: Selbstdarstellungen in der Wissenschaft am Beispiel von Danksagungen in der Soziologie. In: Häder, Sonja (Hrsg.); Tenorth, Heinz-Elmar (Hrsg.): Der Bildungsgang des Subjektes. Bildungstheoretische Analysen. S. 177, 2004. Onlinequelle, Stand November 2013: http://www.pedocs.de/volltexte/2013/7810/pdf/Hollstein_Schuetze_Selbstdarstellungen_in_der_Wissenschaft.pdfer_Wissenschaft.pdf

62 Allmendinger, Jutta: Lebensverlauf und Sozialpolitik, S. 21, 1994. Zitiert nach: Hollstein, Betina; Schütze, Yvonne: Selbstdarstellungen in der Wissenschaft am Beispiel von Danksagungen in der Soziologie. In: Häder, Sonja (Hrsg.); Tenorth, Heinz-Elmar (Hrsg.): Der Bildungsgang des Subjektes. Bildungstheoretische Analysen. S. 178, 2004. Onlinequelle, Stand November 2013: http://www.pedocs.de/volltexte/2013/7810/pdf/Hollstein_Schuetze_Selbstdarstellungen_in_der_Wissenschaft.pdfer_Wissenschaft.pdf

63 Hoeren, Thomas: Mein Dank gilt meinem Hund. In: duz MAGAZIN, S. 60 f., 4/2011. Onlinequelle, Stand November 2013: http://www.uni-muenster.de/Jura.itm/hoeren/veroeffentlichungen/hoeren_veroeffentlichungen/Mein_Dank_gilt_meinem_Hund.pdf

64 Hoeren, Thomas: Mein Dank gilt meinem Hund. In: duz MAGAZIN, S. 60 f., 4/2011. Onlinequelle, Stand November 2013: http://www.uni-muenster.de/Jura.itm/hoeren/veroeffentlichungen/hoeren_veroeffentlichungen/Mein_Dank_gilt_meinem_Hund.pdf

65 Hoeren, Thomas: Mein Dank gilt meinem Hund. In: duz MAGAZIN, S. 60 f., 4/2011. Onlinequelle, Stand November 2013: http://www.uni-muenster.de/Jura.itm/hoeren/veroeffentlichungen/hoeren_veroeffentlichungen/Mein_Dank_gilt_meinem_Hund.pdf

66 Wohlrab-Sahr, Monika: Konversion zum Islam in Deutschland und den USA, S. 12 f., 1999. Zitiert nach: Hollstein, Betina; Schütze, Yvonne: Selbstdarstellungen in der Wissenschaft am Beispiel von Danksagungen in der Soziologie. In: Häder, Sonja (Hrsg.); Tenorth, Heinz-Elmar (Hrsg.): Der Bildungsgang des Subjektes. Bildungstheoretische Analysen. S. 178, 2004. Onlinequelle, Stand November 2013: http://www.pedocs.de/volltexte/2013/7810/pdf/Hollstein_Schuetze_Selbstdarstellungen_in_der_Wissenschaft.pdfer_Wissenschaft.pdf

67 Hirschhausen, Eckart von: Wirksamkeit einer intravenösen Immun-globulintherapie in der hyperdynamen Phase der Endotoxinämie beim Schwein. Dissertation, 1994

68 Gauweiler, Peter: Konfliktsituationen des Gemeinderatsmitgliedes. Eine Betrachtung über Funktions- und Rollenkonflikte des Organwalters der Volksvertretung der besonderen Gebietskörperschaft Gemeinde. Dissertation, 1980

69 Hoeren, Thomas: Mein Dank gilt meinem Hund. In: duz MAGAZIN, S. 60 f., 4/2011. Onlinequelle, Stand November 2013: http://www.uni-muenster.de/Jura.itm/hoeren/veroeffentlichungen/hoeren_veroeffentli-chungen/Mein_Dank_gilt_meinem_Hund.pdf

70 Hoeren, Thomas: Mein Dank gilt meinem Hund. In: duz MAGAZIN, S. 60 f., 4/2011. Onlinequelle, Stand November 2013: http://www.uni-muenster.de/Jura.itm/hoeren/veroeffentlichungen/hoeren_veroeffentli-chungen/Mein_Dank_gilt_meinem_Hund.pdf

71 Pfetsch, Frank: Zur Entwicklung der Wissenschaftspolitik in Deutschland, 1974